향기로 말하는 여자

AROMATHERAPY

향기로 말하는 여자

초판 1쇄 인쇄일 2015년 4월 24일
초판 1쇄 발행일 2015년 5월 1일

지은이 최미경
펴낸이 조준철
기획 박영숙
디자인 김인경
일러스트 이가을

펴낸곳 도서출판 빅애플
주소 서울시 강남구 언주로 626, 1101호 (논현동, 논현로얄팰리스)
전화 02-544-2010
홈페이지 www.BigA.co.kr
출판등록 제393-2007-00001호

ISBN 978-89-98806-05-7 03590

* 책값은 뒤표지에 있습니다.

AROMATHERAPY

향기로 말하는 여자

최미경 지음

향기로 **몸**과 **마음**을 치유하는

아로마테라피. 그녀가 아로마테라피를

만난 것은 **행운**이었다

BigA
도서출판 빅애플

나에게 있어 고객은 가족과도 같다.

그들이 행복하면 덩달아 행복했었고,
그들이 슬프면 나도 너무 슬퍼서 함께 울었다.
어떻게 하면 고객의 얼굴에 행복의 미소가
가득하게 해 줄 수 있을까 고민하게 되었고,
숍에 오는 시간만이라도
세상에서 가장 행복한 시간으로 만들어 주고 싶었다.

일주일에 한번 방문하는 고객은 일주일에 가장 행복한 시간,
한 달에 한 번 방문하는 고객은 한 달 중에서 가장 행복한 시간,
가장 감동적인 시간을 만들어 주고 싶었다.

그리고 피부 관리만 해줄게 아니라
오실 때마다 무엇을 더 드릴 수 있을까 고민을 하다가
이야기를 선물해 주어야겠다는 생각을 했다.
그 후 난 다양한 분야의 이야기들을 접하기 위해
많은 책을 읽고, 신문을 보며 뉴스에 귀를 기울였다.
골프를 치는 고객들과 골프 이야기를 같이 하기 위하여
골프까지 배워가며 개개인의 고객들과 소통하기 위해 노력하였다.
의학, 건강 상식, 피부 관리 등에 관해
고객이 궁금해하는 모든 것에 시원한 답을 주기 위해
다양한 분야의 이야깃거리와 정보를 수집하는 걸
게을리하지 않았다.
그러다 보니 고객과 진정한 마음을 나눌 수 있게 되었다.

그땐 지금처럼 사업체가 크지 않고
시간적으로 조금은 여유가 있는 상태여서 가능한 일이었다.

그러다 보니 고객들은 나를 최미경 원장이라 부르지 않고
최 교주라고 불렀다.
최 교주란 단어엔 참으로 많은 것이 내포되어 있음을
고객 주변의 가족과 지인들은 알고 계셨다.

하지만 참 부끄러운 별칭이다.
세상을 알면 얼마나 알겠는가마는
나이가 들고 해가 바뀔수록 부끄럽고,
하나님 앞에 죄인이고,
사람들 앞에 소인인 것을 깨우치게 된다.
책을 집필하는 내내
나를 돌아보면서 부족한 점을 절절하게 깨우친다.
아직도 공부할 것이 많고,
부족하여 채워야 할 것이 많음을 절실히 인정한다.

그러나 고객들과 후배들을 위해
나의 기억이 아직 또렷할 때
그동안 경험한 임상들을 한 자라도 더 집필하고자
지금 이 시간 최선을 다해 노력할 뿐이다.
이것이 아로마테라피 분야의 선배로서
해야 할 본분이라 생각하기에 부끄러움을
무릅 쓰고 집필하고자 한다.

열정아 뚝딱 만들어져라!

뇌 속에 가득 박혀 있는 지식의 단어들을
곡괭이로 캐내어 집필하고픈 욕망에 목이 탄다.
누가 나의 뇌 속에 가득 쌓인 지식들을 와르르르 쏟아부어
문자들로 나열할 수 있도록 도와주면 좋겠다.

해야 할 일들은 수없이 밀려들어오고
집필하고 싶은 책들은 수십 권에 달한다.
기억이 다 사그라지기 전에
나는 모든 것을 토해 놓아야 한다.
그래야 죽음을 눈앞에 둘지라도 두렵지 않을 것 같다.
난 오늘도 기억을 더듬으며 한 잔의 커피에 의지한다.
나의 감성이 다시 되살아나서
머릿속 가득한 지식들을 글로 옮길 수 있도록 도와주십사
하나님께 기도하며 문장을 만들어 나간다.

젊음이란 시심(時心)이 살아 움직이며
팔딱거리던 나이였는가 보다.
지금 난 그런 시심(時心)이 살아있었을 때
더 많은 책을 볼 것을, 더 많은 공부를 하고,
더 많은 글을 남겨 놓을 것을 하는
후회를 하고 있다.
그러나 지금 이 순간을 나는 아끼고 싶다.
두 번의 후회는 하고 싶지도, 하지도 말아야 하기 때문이다.

커피 한 잔에도 시상이 떠오르고
비 한 방울에도 눈물이 나고
바람 한 점에도 맘이 설레는 그런 날이 또 올까?

이젠 내가 여자인지 남자인지 잘 모르겠다.
예쁘게 치장하는 것도, 예쁜 구두를 신고,
나풀대는 원피스를 입고 여성스러운 매력을 풍기고 싶지도 않다.
그저 편하고, 따뜻하면 되는 옷차림을 하고 스스럼없이 외출을 한다.
화장기 없는 얼굴은 용납되지 않았던 시절이
언제였는지 기억도 나지 않는다.

그러나 이런 나는 거부하고 싶다. 아니 거부해야만 한다.
게으름과 나약함으로 가득한 나를
당당하게 거부할 것이다.
세월이 흐른 지금도 여전히 아름다운 여자로
시상과 시심 가득한 소녀감성으로 살고 싶다.
스쳐가는 바람 한 점에도 괜스레 맘이 설레는 소녀이고 싶다.
그리고 현명함으로 세상에 대처하는 여인이고 싶다.

'성공한 인생을 살아가고 있는 최미경' 이란 말을
당당하게 할 수 있도록 도와주신
사랑하는 고객과 나의 가족들 그리고, 지인들께 너무너무
감사하고 사랑한다는 말을 전하고 싶다.

2015년 4월 향기로운 날, 최미경 씀

첫번째 香 향기로 말하는 여자

두번째 香

아로마 테라피는 행운이다

세번째 香

신비의 아로마테라피

네번째 香

잠재의식 아로마향

MARJORAM SWEET

“고객을 사랑한 만큼 고객은 나를 사랑했고
고객을 기쁘게 한 만큼 고객은 나를 기쁘게 했다.
고객은 내게 친구이자 가족이 되어 주었다.”

첫번째 香

향기로 말하는 여자

HYSSOP

히솝

학명 Hyssopus officinalis(미들노트)

긍정적 사고 전환, 꿈이 많을 때, 가위눌림, 동상, 화상,
항염작용, 호흡기계, 가래, 천식, 류머티즘, 늑막염,
목이쉴 때, 타박상 멍 제거

혹부리 여자아이

살면서 내내 가슴 한 곳에 잊혀 지지 않고
지금껏 두려움으로 남아있는
어린 시절의 한 자락 아픈 기억이 있다.

내 나이 네 다섯 살 때의 아련한 기억....
그 시절엔 할머니와 단둘이 살고 있었다.
그때 내 귀 뒤쪽엔 커다란 혹이 하나 달려 있었다.
처음엔 작았던 혹이 점점 커지면서 큰 혹이 되어 버렸다.
작은 키에 바싹 마른 어딘가 아파 보이는 외모의 아이가
커다란 혹까지 달고 있으니
무서운 전염병에라도 걸린 거 아니냐며
사람들은 수군거리기 시작했고,
급기야 또래 친구들의 부모님들은 나와 놀지도 못하게 하였다.
그렇게 친구 하나 없는 난 늘 혼자였다.

70년대 나의 어린 시절엔 치료비가 많이 비쌌던 걸로 기억한다.
가난하신 할머니는 나를 병원에 데려갈 엄두도 못 내시고,
그 혹의 정체도 모른 체 온갖 소문에 휩싸여
외톨이가 되어 버린 손녀의 안쓰러운 모습을 보며

홀로 전전긍긍하셨을 것이다.
혹이 점점 더 커지면서 어느새 혹부리 영감처럼 되어 있었다.
흉물스럽게 커져버린 혹을 보고 위험을 느끼셨던 할머니는
어느 날밤 촛불을 켜시고 나를 부르셨다.

"야야 여기 이짝으로 와 앉아 보레이"

외로움에 말수가 적어진 나는
아무런 대답 없이 할머니 앞에 앉았다.
할머니는 말없이
오랜 세월 동안 당신의 머리를 빗어 왔던
까맣게 더러워진 참빗을 촛불에 달구어 소독을 하시고는
꾹 눌러서 그 큰 혹을 단번에 터트리셨다.
무방비 상태로 당한 나는 아픔에 소스라치게 놀라
그만 울음을 터트리고 말았다.

"앗! 아앙앙 앙아아...,"

아파서 자지러지게 울어대는 손녀가 안쓰럽고 마음이 아팠지만,
큰 병에 걸려 죽는 것보단 나을거라 생각하신 할머니는
악을 쓰며 울어대는 손녀와 같이 눈물을 뚝뚝 흘리시며,
아무 말없이 혹에 찬 고름을
마지막 한 방울까지 꾹꾹 눌러 짜내셨다.

그러고는 매일매일 하루도 거르지 않고
아침저녁으로 상처 부위에 고름을 빼내고서
그 위에 고약을 발라 놓으셨다.
그렇게 손녀를 향한 할머니의 사랑과 정성으로
나를 괴롭히며 외롭게 만들었던 흉물스러웠던 혹은
내 몸에서 사라졌다.
하지만, 그 아픔과 외로움의 기억은
내 귀 뒤쪽에 흉터가 되어
고스란히 상처로 남아있다.

밤마다 나타나는 악령들

이제 와서 생각해 보면 귀 뒤에 생겼던 혹은
어렸을 적 앓았던 결핵으로 림프절에 생긴 염증이 커져서
혹처럼 변해 버렸던 것 같다.
그때의 림프절 손상으로 면역력이 약해진 난
온갖 병마에 시달릴 수밖에 없었다.

허약해진 몸과 정신은 밤마다 악몽에 시달렸다.
모두 깊은 잠에 빠질 무렵이면
나에게만 어김없이 찾아오는 악령들
분명히 난 깨어있는 상태로 발을 동동거리면서
악령들을 향해 사라지라고 욕하며 소리쳤는데 깨어보면
그건 꿈속에서 일어난 일이었다.

"야야!! 미경아!! 정신 차려라. 와이 카노 야야!! 잠 좀 깨라."

어머니는 자는 내내 울부짖으며 소리를 지르고 있는
딸의 볼을 때리고 어깨를 잡아 흔드신다.
그런 딸의 이상 증상에 가슴 아픈 어머니의 울부짖음이
헛것이 보여 정신이 혼미해져있는 내 귀에도 쟁쟁거렸다.

눈을 떠서도 악령들은 사라지지 않고 날 괴롭혔다.
내 눈에만 보이며 허공을 떠다니는 악령들을 가리키며

"엄마 저거 봐라 저기 저거 안 보이나?
엄마야 나 좀 살려도 나 무섭다. 엄마!! 흑흑흑!!!"

눈을 뜬 채로 눈물 범벅이 되어
소리 지르며 울어대는 딸에게 어머니가 해줄 수 있는 건
그저 흔들어 잠에서 깨우는 수밖에 없었다.
칼바람 치는 한겨울인데도 방문을 열어젖혀
방안 전체를 얼음장으로 만들고 찬물을 머리에다 부으며
그렇게 밤마다 온 가족이 전쟁을 치르 듯이 나의 잠을 깨웠다.

새벽 동이 틀 때쯤 내 눈에서 악령들이 사라지면
나는 그제서야 지쳐 쓰러져 죽은 듯이 잠에 빠져들곤 했다.
그렇게 정신적으로 쇠약해질 대로 쇠약해진 나는
결국 뼈와 가죽만 남게 되었고,
몇 번의 죽을 고비를 넘기며
겨우겨우 목숨을 연명해 나가고 있었다.

레몬

| 학명 Citrus limon 탑노트

스트레스, 우울증 예방
불면증, 기분전환
림프순환, 혈액순환 촉진

무당 될 팔자야

엄마는 육체적으로나 정신적으로 죽어가는 딸을 살리기 위해
할 수 있는 일은 뭐든 해보겠다는 일념으로
정말 최선의 노력을 다하셨다.
몸에 좋다는 온갖 약재들을 구해와 달여서 먹여 보고,
좋은 음식들을 만들어서 먹여도 보았지만
소화를 시키지 못해
먹는 족족 다 토해내기에 바빴다.

잠이 들라치면 어김없이 악몽에 시달려야 했고,
먹으면 소화를 못 시켜 곧바로 토해버리던 난
잠을 자는 것이 무서웠고, 먹는 것이 두려웠다.
이때 소화를 제대로 시키지 못하던 나에게
엄마가 해주었던 민간요법이
바늘로 손가락을 따주는 거였다.
그러면 속이 조금 편안해지곤 했다.
그렇게 시작한 사혈은 처음엔 손가락 하나면 되던 것이
세월이 지난 지금은 열 개의 손가락과
그것도 모자라 열 개의 발가락까지 사혈을 해야만
소화가 되는 지경에 이르렀다.

그렇게 온갖 방법을 다 동원해도 나아지는 기미가 없자 엄마는
물에 빠진 사람 지푸라기라도 잡는다는 심정으로
급기야 무속인까지 찾아갔다.

무속인은 사주를 보더니

"이 아는 엄마 팔자를 닮든지 아이면 무당이 될 팔자야!"

무당의 말에 충격을 받으신 엄마는
하늘이 무너지는 것 같았다고 한다.
너무나 삶이 고되고 힘겨우셨던 엄마는
사랑하는 딸이 자신의 팔자를 닮는 게 너무 싫었다.
그렇다고 무당을 시킬 수도 없는 노릇이고
오랜 시간 고심하던 엄마는 어느 일요일 아침
딸을 업고 교회로 향하셨다.
교회 앞마당에 날 내려놓고는
억지로 예배당 안으로 밀어 넣으셨다.

그때 당시 불교 신자였던 엄마는
교회 다니며 예수쟁이가 되면
신 안 받아도 되고 무당 안 되어도 된다며,
교회 다니는 예수쟁이 남편들은 다 가정적이고
화목한 거 같더라며,

그렇게 교회 가기 싫어하는 딸을 설득시켜
초등학교를 졸업하기 전까지 반강제적으로 교회에 보냈다.
엄마의 지극한 사랑과 지혜로 나는 크리스천이 되었고,
감사하게도 무당이 되지 않아도 되었다.
교회에 다니면서 증상은 점점 호전되기 시작했다.

사라진 고향

지금의 임하댐이 자리한 곳,
사계절 다른 옷을 갈아입고서 맑은 공기와 청정한 물을 자랑하는
산천이 참으로 아름다웠던 그곳은 나의 고향이다.

봄이면 고향의 산과 들은 노랑, 분홍, 연녹색의 파스텔톤으로
아름답게 물들었고,
내 코를 간질이는 꽃향기는 클래식의 음률처럼 감미로웠다.

진녹색을 가진 여름의 산을 끼고
깊고 넓은 낙동강이 짙푸르게 자리했다.
한여름 새벽이면 자라가 강가 모래 속에 알을 낳고
유유히 강으로 돌아간다.
강가에 늘어선 수양버들 뿌리엔 버섯들이 앞다투어 올라오고,
여름밤 하늘은 셀 수없이 많은 별들이 쏟아질 듯 아름다웠던 그곳

가을이면 풍성한 들판엔 황금빛 물결과
울긋불긋 단풍을 보며 생각이 깊어졌던,
갈대숲을 찾아 사진 찍으며 놀던 친구들이 좋던 그곳,
고향이 새삼 더 그리워진다.

겨울엔 밤새 내려 무릎 위까지 쌓인 눈이 온 세상을 하얗게 덮어
길과 숲을 구분하지 못하게 만들었다.
영하의 날씨에 깊게 얼은 낙동강에서 타던 스케이트,
눈 덮인 하얀 언덕 위에서 타고 내려오던 비닐포대로 만든 눈썰매,
얼어버린 강과 눈이 쌓인 언덕은
자연이 준 우리들의 신나는 놀이터였다.

그 아름답던 고향은 임하댐이 만들어지면서
수몰되어 사라져 버렸고
고향 사람들도 뿔뿔이 흩어졌다.

임하댐 건설로 수몰되어버린
고향을 떠나온 지 30년이 지났다.
고향이 그리워 가보지만 지금은 엄청난 오염으로
한겨울에도 더 이상 얼음은 얼지 않는다.
그때보다 강물은 보잘것없이 말라서
여름 장마철에 홍수가 나야 만이 채워진다고 한다.

1993년에 3,721억 원이 투자된 임하댐은
심각한 오염으로 더 이상 물을 가두지 않고 방류 시킨다고 한다.
오염된 임하댐을 살리기 위해 2,300억 원을 투입해도
더 이상의 효과를 기대하기가 어렵다고 하니,
오호라 통재라...!

낙원과도 같던 내 고향이,
찌든 오염과 흙탕물에 곪아서 썩어가고 있다.
고향 아저씨는 "물이 아이다 똥물이다"라고까지 하신다.

어릴 적 추억을 더 이상 경험하지 못하게 한 임하댐은
고향을 잃어버린 서러움으로
오랜 세월 동안 나를 향수병에 가두곤 했다.

얼음 배

고향의 개울가에 봄의 기운이 살포시 내려앉아
얼음이 녹아내리면
상고대로 가지를 치장한
버들강아지의 어린 새싹도 피어나겠지?

수줍은 듯 피어있는 연한 버들강아지가
새봄 첫 간식이 되곤 했던 어린 시절이 있었다.
도시에서만 자란 딸과 아들은
어쩌다 여행지에서 만난 버들강아지를 따 먹는 엄마를 보면
무언가 징그러운 것을 본 듯 오만상을 찌푸린다.

"엄마 제정신이야?"

그런 아이들에게 따서 먹어보라고 건네주면
도망치느라 정신이 없다.

나의 어린 시절엔 먹을 것이 워낙 귀했다.
엄마가 5일장에 다녀오며 사다주시던 엿과
입에 넣으면 빨아먹기도 힘든

커다란 눈깔사탕이 최고의 간식이었다.
엄마 몰래 숨겨둔 꿀을 숟가락으로 퍼먹던 기억도 난다.
그렇게 부족함이 많았던 겨울을 보내고 초봄이 시작될 무렵엔,
동네 아이들끼리 머리를 짜내어 간식을 찾아야만 했다.
그렇게 간식을 얻기 위해 찾아낸 도구가 얼음 배였다.

나의 고향은 경상북도 청송군 진보면 잔자골이다.
그곳의 가구 수는 6가구였지만
그에 비해 아이들의 수는 무지 많았다.

사방이 산으로 둘러 싸여 있고,
마을 앞엔 깊고 넓은 강이 흐르고 있었으며,
새벽이면 물안개들이 모락모락 올라와
이른 아침까지 온 마을을 하얗게 뒤덮었다.
윗동네 텃골에서 내려올 땐
안개로 인해 아예 보이지 않을 정도였다.
꿈속처럼 신비로운 곳이었다.

이른 새벽에 고기 잡는 아저씨와 아들이
물안개를 헤치며 유유히 그물을 건져 올리는 모습은
사춘기 소녀의 가슴을 설레게 할 정도로
한 폭의 아름다운 그림과도 같았다.

트럭이 지나가도 깨지지 않고
강바닥까지 얼어붙은 것 같았던 그 얼음도,
초봄의 봄바람과 따스한 햇살에 소리 없이 스르륵 녹기 시작한다.
두꺼운 얼음이 갈래갈래 찢어져
강에 둥둥 떠다닐 때쯤 이면 동네 아이들은 신이 난다.
긴 대나무 장대를 하나씩 들고 나와서
그중에 제일 단단해 보이고 깨질 것 같지 않은 얼음을 골라
예닐곱 명씩 얼음 배에 오른다.
미끄러지면 물속에 빠지기 때문에
아주 조심스럽게 서로를 도와주면서 탄다.

얼음 배들을 돌다리를 건너듯이 넘어 다니며
아찔한 스릴을 즐기는 개구쟁이들도 있었다.
얼음이 녹은 강 속의 풍경은 맑고 잔잔했으며,
민물고기들의 부산함을 내려다볼 수 있었다.
작은 물고기부터 큰 쏘가리까지 선명하게 보였다.

사내아이들의 장대는 노가 되어 강을 따라 젓고,
여자아이들의 장대 끝에는 철사를 꽂아서
강바닥까지 보이는 깨끗한 강물 속으로 장대를 내린다.
모래 한 알까지 깨끗하고 선명하게 보이는 강바닥엔
조개들이 연한 속살을 내놓고 입을 벌리고 있다.
장대에 꽂은 철사를 그 사이로 재빠르게 집어넣으면
놀란 조개는 입을 꽉 문채 장대에 달려 대롱대롱 올라온다.
그렇게 해가 기울 때까지 시간이 흐를수록 서서히 녹아
깨질 것 같은 위태위태한 얼음 배 위에서
꽃샘추위에 꽁꽁 언 손을 호호 불어가며
추위도 시간도 잊은 체 열심히 조개를 잡는다.
그렇게 잡은 조개는 감나무 집 영희 네에 모여 삶는다.
삶아진 조개를 살만 발라내어
구덩이 속에 묻어둔 시원한 무를 채썰어
초장과 함께 묻힌 후
십 원짜리 민화투로 즐거운 어른들의 모임에 들이밀면,
너무들 좋아하시며 맛나게 드시던 그 모습이
지금도 눈에 선하다.
새콤달콤했던 조개 무침, 생각만 해도 입안 가득 군침이 돈다.

꿈을 향한 첫걸음

생각만 해도 가슴 저리도록 아픈 추억도,
아름다운 산천을 놀이터 삼아 뛰어놀던 친구들과의 추억도
임하댐과 함께 묻어버리고 그렇게 고향을 잃고
뿔뿔이 흩어져야만 했다.
우리 가족은 이모님이 사업을 하고 계시는 대전으로 이사를 했다.
처음 모든 것이 낯선 대전으로 이사했을 때 가장 힘들었던 건
언어의 장벽으로 인한 의사소통의 불편함이었다.
충청도 사투리를 알아듣지 못하는 나와
경상도 사투리를 알아듣지 못하는 대전 사람들
느릿느릿 한 성격의 사람들과 급한 성격의 경상도 가스나인 나
달라도 너무 달라 적응하는데 시간이 좀 걸렸다.
하지만 세월이 지난 지금은 참으로 여유롭고
내게 가장 살기 좋은 제2의 고향이 되었다.

이모님의 권유로 고등학교에 진학을 하게 되었다.
당신이 모든 걸 부담하시겠다고 하셨지만,
어린 마음에도 그동안 신세 진 것이 죄송스러워
낮에는 일하고 밤에 공부하는 산업체 야간 고등학교를 택했다.

어렸을 적 병치레로 인해 면역이 약해져 있던 난 매일 온몸의
붓기로 인해 손을 쓸 수가 없을 정도의 통증에 시달려야 했다.
그러나 누구의 도움 없이 내 힘으로 공부하겠다는 의지와
자부심으로 그까짓 통증쯤이야 참아낼 수 있었다.
음식을 전혀 먹지 못할 때 옆에서 지켜주며 위로를 해주던
선배 옥순 언니의 조언은 항상 긍정적인 생각을 만들어 주셨다.

학교의 이사장님이며 동시에 회사의 사장님이셨던 이사장님은
언제나 검소함과 부지런함으로 열정이 넘치던 분이셨다.
그분의 말씀 하나하나는 나에게 강한 마음과 꿈을 만들어 주셨다.

일부 동기생들과 선후배들 중에서는 학교와 회사,
그리고 이사장님에게 불만을 품고 이런저런 말들도 많이 했다.
하지만, 형편이 힘들었던 나로서는
기숙사에서 먹여주고 재워주며 일하면 월급도 주고,
학교까지 공짜로 보내주는 이사장님이 너무나 감사했다.
긍정적인 생각은 학교와 회사 생활을 더욱 즐겁게 만들어 주었고,
그로 인해 몸도 조금씩 건강해지기 시작했다.
고등학교 3년이란 세월은 비록 육체적으로 힘들었지만
이제 누구의 도움을 받지 않고도 살아갈 수 있다는
자신감을 갖게 해준 내 생애에 가장 행복했던 시절이었으며,
그나마 건강했던 시절이었다.
그리고 "나도 이사장님처럼 되자."라는 꿈을 선물해 주었다.

내 인생의 멘토

세월이 흘러 이사장님께서 별세하시던 그해에
딸 사라와 함께 나의 모교인 동방여고 앞을 지나면서,
엄마의 학창시절과 이사장님에 대한 이야기를 해 주었다.
여고시절에 처음으로 존경했던 분이었고
열정이 가득한 남다른 분이었다고,
그리고 그분처럼 성공하고 싶었다고

"연세가 많으시니 지금은 아마 돌아가셨겠지?
살아 계시면 한 번 만나 뵙고 고맙습니다라는 말을
전해주고 싶은데,"
"엄마 기도해봐요 만나게 되실 거예요."

그래서 바로 기도했던 기억이 난다.

그 다음달 고등학교 때 선배이자 은사님이셨던 분으로부터
이사장님께서 나를 만나고 싶어 한다는 한 통의 전화를 받았다.
병원에서 이사장님의 모습을 보며 놀라움을 금치 못했다.

몸을 제대로 가누지도 못할 정도로
힘없이 누워계시는 그분의 눈빛은
죽음을 눈앞에 두신 분이 아닌 젊은 시절 열정이 가득했던
그때의 것과 같이 빛나고 있었다.
비서를 통해 업무보고와 업무지시를 하시는 그 광경은
삶의 무게가 버거워 좀 쉬고 싶다는
안이한 생각을 가지고 있던 나의 가슴을
다시금 뜨거운 열정으로 파도치게 하셨다.

마음 한구석에 슬픔을 감추고
가만히 미소 지으며 당신을 바라보는 나에게

"미경아~ 이렇게 잘 살아줘서 고맙구나
내가 자서전을 준비하고 있는데
미경이 네 이야기도 좀 넣어볼까 한다.
A4 용지 한 장 정도 써서 메일로 보내줄 수 있겠니?"

숨도 편히 못 쉬어 산소 호흡기에 의존하시는 분이
세상을 떠나시기 전에 당신이 살아온 발자취를 남기기 위해
자서전을 준비하고 계시다니,
힘든 그 상황에서도 새로운 일을 계획하신다는 것이
믿어지지가 않았다.
지금도 그분의 변함없는 열정으로 가득했던 눈빛을 존경한다.

세상을 정복하고도 남을 그 눈빛은 내 가슴속 깊숙이 박혀
지치고 포기하고 싶어질 때마다 꺼내어
마음을 다잡게 하는 버팀목이 되었다.
난 아직 그분보다 젊고 건강하니
무엇이든 해 볼 수 있는 나이임을 되새기고
스스로를 일으켜 세운다.

이렇듯 고등학교 재학 때 이사장님께 배운
열정과 당당함 그리고 긍정의 힘은
나에게 부족한 스펙으로도 당당하게
대기업에 지원할 수 있는 자신감을 선물해 주었다.

태평양화학에 입사

고등학교를 졸업한 그 달에 회사를 퇴직하고,
야간 고등학교 졸업생으로서는 감히 엄두도 못 낼 태평양화학에
과감하게 입사 지원을 하였다.
높은 경쟁률을 뚫고 운 좋게도 합격하게 되었고
입사 후 본사에서 3주, 지사에서 1주
강도 높은 스파르타식 훈련을 받았다.
그땐 참 힘겨운 나와의 싸움이었다.
다른 입사 동기들은 기숙사 담을 넘어 몰래 탈출을 하기도 했다.
나도 그들과 함께 도망가고 싶은 마음이 굴뚝같았지만
중도에 포기하면 교육비를 모두 배상해야 한다는 계약조건이 있어
불쌍한 우리 엄마의 얼굴을 떠올리며 이를 악물고 참았다.

교육이 끝나고 근무지가 배치되었는데,
아침 조회 시간마다 20살의 어린 나이로
엄마 연배의 아모레 방판 여사님들을 교육했다.
그때의 훈련 덕에 사람을 두려워하지 않게 되었고,
수백 명의 사람들 앞에서도 떨지 않고 강의할 수 있게 된 거 같다.
남자가 군대 3년을 다녀오면 군대 이야기를 평생 한다는데,
난 태평양화학에서 3년 근무했던 그때의 이야기를

평생 하고 있다.
그만큼 그곳의 교육시스템과 혹독했던 훈련들은
작고 보잘 것 없는 나의 그릇을 키워주었다.
그래서 난 지금도 태평양화학의 시스템을 자주
벤치마킹하고 있다.

그때 배웠던 피부 상식과 화장품 지식은
피부 미용인으로서의 나를 만드는 기초가 되었고,
진취적 기업의 모습을 지켜보면서 쌓게 된 경험으로
지금의 뷰티 산업 시장을 한눈에 바라보며
블루오션을 개척해 나가고 있다.
그리고 3년 후 퇴직과 함께
작은 화장품 코너와 피부미용실을 창업했다.

큰 깨달음을 안겨준 창업과 실패

지금 와서 생각해 보면 24살 어린 나이에
무슨 배짱으로 창업을 했나 싶다.
나를 안내해주는 멘토도 없었고,
창업 프로그램을 복제할 시스템도 없었으며,
앞서간 선배의 조언도 없이
그저 오로지 돈을 벌기 위한 욕심으로 창업을 했다.
태평양화학에서 배웠던 지식이 바탕이 되어
너무 커져버린 자신감은 두려움마저도 없애주었다.
그렇게 시작한 창업은 실패도 성공도 그 무엇도 아닌
사업을 했었다는 경험만을 제공해 주었다.
그리고 월급 받는 회사가 있다는 것은
정말 행복한 일이라는걸 깨달았다.
창업은 실패를 경험해본 사람이 하는 것이다.
지금의 직장이 본인의 것이라는 주인의식을 가지고
열정을 다 바쳐서 업무에 최선을 다해 임한다면
나중에 창업을 해도 반드시 성공한다.

창업을 통해 얻은 것은
'게으름은 실패의 지름길이다'라는 것이다.

월급을 받을 때 보다 더 부지런해야 하고,
더 많은 시간을 일해야 한다.
하루 종일 장사가 안 되면
가슴이 벌렁 걸려 잠을 이루지 못할 정도로 스트레스가 많아진다.
내 사업을 한다는 것은 부지런한 자의 것이고
목숨을 걸고 마지막 에너지까지 다 사용해야 하는
열정의 무대라는 것을 뼈저리게 배웠다.
그리고는 몸과 마음의 에너지가 고갈되어 지쳐버렸다.
나와의 싸움에서 실패했던 것이다.
이제는 일하고 싶지 않고
어딘가에 편안하게 안주하고 싶다는 생각이 들면서
결혼을 생각하게 되었다.
도피처로 결혼을 선택했고,
결혼하면 몸도 맘도 쉬면서 남편이 벌어다 주는 돈으로
편하게 살 수 있겠구나 하는 안이한 생각이
끔찍한 지옥을 경험하게 되는 계기가 될 줄 그때는 몰랐다.

지독했던 산후우울증

군대 3년을 기다린 남자친구가 제대하자마자
집안에서는 결혼을 서둘렀다.
결혼 후 첫 아이를 낳고 산후우울증이 왔다.
아기가 무서워서 만질 수가 없었고,
만지면 풍선처럼 터져 버릴까봐 씻기지도 못했다.
그 일은 자연스레 자상한 남편의 몫이 되었다.
남편의 사랑과 정성 덕인지 산후우울증은 서서히 치료되었다.

그러나 2년 후 둘째 아이를 출산하고
다시 심각한 산후우울증에 빠져들었다.
그 당시 남편은 공부를 하고 싶어 했고, 학교에 다시 복학하였다.
본의 아니게 가장이 되어버린 상황이라서
아이들을 돌봐 줄 시부모님이 계신 본가로 들어갔다.
과중한 일과 스트레스로 인해 우울증은 더욱 악화되었다.
모든 것이 두렵고 무서웠으며,
주변의 가족들이 모두 원망의 대상이 되었다.

쉬고 싶어도 쉴 수 없는 환경을 만든 남편을 원망하고,
도움을 주지 않는 시댁 식구들을 원망했다.

내게는 아무 잘못이 없고
주변의 가족들이 모두 잘못한 것처럼 느껴졌으며
모든 것에 불평불만을 쏟아냈다.
웃음을 잃어버린 우울증은 자살 기도를 3번이나 하게 했고,
어릴 적 겪었던 악몽이 다시 시작되었다.
낮에도 몸이 아파 잠깐이라도 잠이 들라치면
내 몸에 올라탄 악령들이 목을 조이며 낄낄댔다.
그리고 신이 들렸다는 정신이상자한테
나도 모르게 자꾸만 말싸움과 눈싸움으로 시비를 걸어댔다.

매일 지옥 같은 나날에 두려움만 커가고
죽고 싶은 생각을 하루에도 수십 번 하면서도
치료하지 않고 그렇게 방치한 산후우울증은
나와 가족을 서서히 처절하게 망가뜨리고 있었다.

지옥을 알게 해준 류마티스 관절염

우울증이 깊어지면서 손가락과 발가락에 통증이 시작되었다.
피부미용 일은 손가락이 아프면 일하기 어려운 일이다.
그러나 어릴 적부터 아픔에 익숙한 나로서는
이 정도 통증은 아무것도 아니라고 생각했고
아파도 아프다는 내색 없이 일했다.
점점 통증은 극심해져갔고
결국 손과 발이 잘 움직이지 않는 지경에까지 이르게 되었다.
무리하게 마사지를 많이 한 날은
관절이 터져 붓고 피가 고이는 일들이 잦아지면서
통증을 이겨내는 것이 힘들기 시작했다.
남편에게조차 아픔을 내색하지 않아서인지
옆에서 밤새 열이 나고 끙끙 앓아도 좀 피곤해서 그런가보다
생각하며 대수롭지 않게 보고 넘겨 버렸다.
통증은 더욱더 심해지고
관절이 점점 굵어지며 약간씩 틀어지기 시작했다.
참다 참다 결국 견디기 힘들어져서야 병원을 찾았다.
검사 결과는 류마티스 관절염이라고 했다.
치료약이 없으니 아플 때 파라핀 왁스로 찜질을 하라고 했다.

류마티스 관절염은 자가 면역 결핍증이다.
특별한 치료약이 없고, 통증을 완화하는 진통제나 먹으며
스스로 병을 이겨내기 위해 면역을 키우는 방법밖에 없었다.
병원 원장님은 약이 없으니 일하지 말고,
잘 먹고 쉬어야 하므로 휴양을 하라고 권유하셨다.
그러나 가장이 일을 그만두면 어린아이들과
꿈을 품고 공부하는 남편은 누가 먹여 살리나 싶어
남편에게 말하지 않고 참고 견디며
그 후로도 계속 쉴 틈 없이 일을 해야만 했다.

밤이면 42kg의 마른 장작 같은 몸은
땅속 깊은 곳으로 묻혀지듯 온몸이 쫙 가라앉았고,
통증은 깊은 숙면을 방해했다.
매일 밤마다 잠들기 전에 기도를 했다.

"하나님 저 어린 아기들이 스스로 먹고 걷고 학교 갈 때 까지만
저를 살려 주세요.
제가 오늘 밤 죽지 않고 내일 아침 눈을 뜨면 열심히
살겠습니다."

그렇게 기도와 고통 속에 잠이 들었다.

아침에 눈을 뜨면 몸이 잘 움직여지지 않았다.
그렇지만 죽지 않고 아침을 맞이하게 해주신
하나님께 감사 기도를 하고,
겨우 몸을 움직여서 또 일을 했다.
약도 없는 병이니 몸이 움직일 수 있을 때,
이렇게 단 하루라도 더 일하다
병석에 눕거나 죽어야지라는 마음 밖에 없었다.
주일날 교회에 가서 예배드리고 나면
몸을 지탱하기가 힘들어 교회 장의자에 쓰러지곤 했다.
그 모습을 보신 김창기 목사님께서 안타까우셨는지
나를 위해 기도를 해 주셨고,
우리를 부부세미나 프로그램에 보내주기까지 하셨다.
그곳에서 교회에 다닌 지 20년 만에 예수님을 만났다.
세미나는 내가 얼마나 귀한 존재인지,
내가 얼마나 소중하고 행복해야 하는 존재인지를 일깨워 주었다.
그렇게 내가 사랑받는 사람임을 알게 되었다.
그리고 사랑해야 하는 존재라는 것도 알았다.

다시 찾은 아름다운 세상

세미나가 끝난 후 세상을 바라보는 나의 마음과 시각이 달라졌다.
12월 한겨울 눈도 내리지 않는 매서운 바람 속에
앙상하게 서있는 저 나무가 어쩌면 저렇게 아름다울까.
얼어붙은 땅바닥에 돌멩이마저도 아름답고 사랑스러워 보였다.
옆에 서 있는 얄미웠던 남편이 천사처럼 보이고,
그토록 원망하고 미워했던 시부모님이 아이들보다 더 보고 싶어
달려가 안아드리고 싶었다. 그리고 모두에게 "사랑합니다."라고
말하고 싶었다. 이곳이 천국임을 느꼈다.

그 이후 시아버님이 소리치고 야단을 쳐도 웃으면서
껴안고 애교를 부리는 며느리가 되었고,
그 모습에 허허 웃으시며 금새 화가 풀리셨다.
내가 긍정적으로 변하니 세상이 다 아름다워 보이고 사랑스러워
보였다. 우울증일 때는 모두가 세상 탓, 남 탓, 가족 탓이었는데
내가 변하니 모두 내 탓이라 생각하게 되었다.
세상은 마음먹기 나름이라고 했던가.
지옥과 천국은 내 마음속에 있었다.
몸의 병보다 마음의 병이 더 무섭고,
마음의 병은 육체의 병을 만든다는 것을 깨우치게 되었다.

간절한 기도는 이루어진다

매일 기도하기 시작했다.
두세 시간이라는 시간이 짧게 느껴질 정도로
울면서 간절하게 기도했다.

"하나님 제 병 좀 고쳐 주세요."

간절한 기도는 반드시 이루어진다는 진리를
깨닫게 되는 기적이 다시 한 번 나를 찾아왔다.
스위스의 조셉 오거스트 신부님이 발반사 요법을 하고
류마티즘 관절염을 치료하게 되었다는 글을 읽고
교육을 받기 시작했다.
발 반사요법과 거의 비슷한 시기에
아로마테라피를 같이 공부하게 되었고,
하루도 빠짐없이 아로마 오일을 발과 다리에 바르고
발반사 요법을 하기 시작했다.
물에 빠진 사람 지푸라기라도 잡는 심정으로
간절한 기도와 함께 시술한 지 6개월째 되던 날
4일간 고열과 오한에 시달리며,
편도가 부어올라 물 한 모금 제대로 넘기지 못하게 되었다.

탈진 상태로 사경을 해매이다가
닷새째 되던 아침에 눈을 떴을 때
통증은 그 어디에도 없었고,
몸이 새의 깃털처럼 가볍고 기분이 너무나 좋았다.
빨리 일어나서 나가고 싶어 신발을 신었는데
문어같이 흐느적거리던 발이 탄탄하게 커져 신을 수가 없었다.
류마티스 관절염으로 인한 손가락 통증으로
꽉 쥐어지지 않았던 주먹은 통증 없이 가볍게 쥐어져
당장이라도 무엇이든 할 수 있을 것만 같았다.
정말 이 상황이 믿어지지가 않았다.
6개월 동안 여러 차례 다양한 호전 반응을 보이며
조금씩 좋아지고 있음을 느끼고는 있었지만
이렇게 가볍고 근력이 단단한 느낌은 처음이었다.
발에 맞는 운동화를 신고 밖으로 나가 뛰고 싶어졌다.
그리고 건강하지 못한 몸 때문에 좋아하지만 오르지 못하고
눈으로만 바라보며 짝사랑 해오던 산에도
마구 올라가고 싶은 욕구가 넘쳐나고 있었다.
무엇이든 하면 다 해낼 것 같은 자신감이 온몸으로 넘쳐났다.
다시 한 번 건강의 중요함을 깨닫게 되었고,
간절한 기도와 긍정의 힘은 나의 삶 전체를
천국으로 인도해 주었다.

천국을 소유하고 싶은 사람들

그동안은 내 얼굴에 꾸며진 미소가 지어졌다면
천국으로 가기 위한 시련을 겪고 난 지금은
건강하고 자연스러운 미소가 머물게 되었다.
밝아지고 환해진 나의 변화에
고객들은 나보다 더 좋아하며 이런저런 말씀들을 해주셨다.
예전에는 아파 보이는 안색에 불쌍한 마음이 들어
피부관리라도 받아주면 도움이 될까 싶어
맘에 들지 않는 부분이 있더라도 쉽게 떠날 수가 없으셨다고 한다.
이젠 달라진 내 모습을 보며
당신들 일인 양 너무나 기뻐해 주셨다.
그렇게 안쓰러워서 나의 곁에 머물러 계시던 분들이
이제는 달라진 나와 함께 천국을 소유하고 싶은 마음으로
더 자주 매장을 방문해 주신다.
그리고 지인분들을 계속 소개하시면서
매출은 몇 배로 뛰었고 더 넓은 장소로 숍을 이전하게 되었다.

고객이 늘어나는 만큼 고객에게 해주어야 할 것도 늘었다.
관리를 받으며 궁금해하는 질문에 답변을 해주기 위해
열심히 공부를 해야만 했다.

교육비가 없으면 카드빚이라도 내어 교육비를 지불했고,
서울에서 지방으로 교육이 있는 곳이라면
경비가 얼마가 들어가든지 미친 듯이 다녔다.
일주일에 2~3회 교육을 받았고, 해외 연수도 잦아지게 되었다.
그러다 보니 고객이 원하는 질문과 요청에 모두 응할 수 있었고,
개개인의 맞춤형 긍정적 라이프스타일로 바꾸는
다양한 상식들을 알려주기 시작했다.
우리 숍을 찾는 고객들은 피부 관리만 받고 가시는 것이 아니라
올 때마다 선물을 한 보따리 받아 가는 느낌이라고 하셨다.
그렇게 충성 고객이 늘어 더 이상 신규 고객을 받을 수 없을
정도로 바빠지게 되었다.

고객을 사랑한 만큼 고객은 나를 사랑했고
고객을 기쁘게 한 만큼 고객은 나를 기쁘게 했다.
고객은 친구이자 가족이 되어주었다.
고객을 위해 시작한 공부하며 쌓은 지식은
지금의 재산이 되어 눈덩이처럼 불어났고,
더불어 새로운 상품을 개발하고, 프로그램을 만드는
원동력이 되었다.

고객은 예약된 날 아침이면 가슴이 설렌다고 했다.
일주일 동안 피부관리실 오는 낙으로 산다고 했다.
삶 중에 피부관리받는 것이 유일한 행복이라고 했다.

고객은 나의 삶 속에서 참으로 귀하고 사랑스러운 존재다.
사람은 누구나 환하게 웃는 사람을 좋아하고,
긍정적이고 밝은 사람을 좋아하는 것이 세상의 이치이다.

고객은 천국을 소유한 나를 부러워하였고,
나를 만남으로써 천국을 소유하고 싶어 하지 않았을까.
나는 사랑하는 고객을 만나는 그 순간순간이
바로 천국이었는데 말이다.

천국을 소유하고 싶다면
바라지만 말고 노력하라
천국은 멀리 있지 않다.
내가 있는 그 자리에서
결과에 만족하고 행복을 느낄 때
그곳이 비로소 천국임을
알게 될 것이다.

나를 울게 한 IMF

중의미용을 공부하기 위해 중국북경골상대학에서
연수를 하던 중 일이다.
아이들이 보고 싶어서 전화를 했는데 남편이

"당신 매국노 되었네. 외국 나가서 달러 쓰는 사람은 다
매국노라고 하네."

1997년 11월 21일 김영삼 정부 때 대외 채무를 갚지 못하여
IMF(국제통화기금) 사태를 맞이하게 되었고,
한국은 그야말로 아수라장이었다.

한국으로 귀국했을 때 뉴스에 들리는 앵커의 목소리는
부도와 실업 그리고 주가 폭락 등 회생할 수 없을 것 같이
힘들어진 한국 경제를 되새김해 주었다.

대출금의 이자는 천정부지로 껑충 뛰어 고금리가 되었으며,
대출금을 껴안고 사업을 진행한다는 것이
감당하기 어려운 상황이 되었다.
고객은 저렴한 프로그램으로 돌리거나 떠나기 시작해

수입은 반 이상 줄게 되었고 숍 운영에 어려움이 생겼다.
당연히 지출을 줄여야만 하는 상황에 이르렀고,
4명의 직원을 퇴사시키며 작은 공간으로 옮겨야만 했다.

다행히도 직원 한 명만 데리고 옮긴 곳에서
지출 대비 이익이 많이 창출되었다.
시설은 부족했지만 오히려 고객 한 분 한 분에게
맞춤형 아로마테라피 프로그램을 진행하면서 고객만족도가
더욱 높아지기 시작했다.

발 빠르게 움직여서 IMF를 이겨낼 수 있었고,
전화위복으로 나에게 또 다른 기회를 제공해 주었다.
IMF를 이겨낼 수 있었던 것은 어려운 가운데에서도
나를 떠나지 않고 지켜준 고객님들 덕분이다.
그분들에게 다시 한 번 가슴 깊이 감사 인사를 전하고 싶다.

교수의 꿈을 품고 만학도가 되다

고객에게 조금 더 나은 서비스를 제공하기 위해서
시작한 배움은 시간이 갈수록
강사가 되고 싶다는 욕심까지 생기게 했다.
일단 문화센터나 YWCA, 보건소, 구청 같은 사회단체에서
메이크업, 오약석 발반사 요법, 아로마테라피 등을
강의하기 시작했다.
그러나 오랜 숍 운영으로 인한 많은 임상과 경력으로만
강의를 시작하게 되면서 스펙이 없는 나로서는
학력에 대한 자존심이 상할 때가 종종 있었다.
누구보다도 많은 것을 배우고 알고 있었지만
대학교 졸업장이 없어 가끔 자격지심에
자존심이 상하고 화가 날 때가 있었다.
일주일에 3일 정도
대전의 한 피부미용 학원으로 출강을 할 때였다.
학원의 원장님께서 모 대학교에 피부미용학교수로
추천하고 싶은데 어떠냐고 제안을 했다.
그때는 대학교 졸업장이 없어 스스로 자신이 없었고
부끄러운 마음에 내년에 대학을 입학할 계획이니
졸업한 뒤에 추천해 주십사하고 정중하게 거절했다.

돌아서 나오는 길에 스스로에게 너무나 화가 차올라
눈앞을 가릴 정도의 눈물이 폭포수같이 흘러내렸다.
미리 준비해 놓지 못한 나 스스로를
모질게 질책하며 독하게 다짐했다.

이때쯤 전문대학과 4년제 대학교에서
피부미용학과가 우후죽순으로 개설될 때였다.
그래 지금도 늦지 않았다.
기회는 준비된 자의 것이라 했다.
왜 준비하지 못했냐고 누군가 물어오면
'경제적으로 여의치가 않아서
시간이 없어서, 일하느라고,
몸이 아파서, 아이들 키우느라' 기타 등등
구차한 핑계를 댄다는 것이
더욱 부끄럽고 비참한 일일 것이다.
지금이라도 시작하자.
아무리 많은 걸 배우고 경력을 오래 쌓아도
대학 졸업장이 없으면 당당하게
내가 하고자 하는 일을 할 수가 없다.
10년 후에 난 당당하게 누구에게도 뒤처지지 않는
교수가 되어 있을 것이라는 야심찬 꿈을 가지고
야간 대학에 진학하게 되었다.

기회가 왔을 때 잡지 못한 안타까움으로
나 스스로에게 자책했었던
그날을 지금까지도 잊지 않고
무언가 새로운 일을 준비할 때면 열정을 살리기 위해
다시금 끄집어 내어보며 마음을 다진다.

2000년도에 34살의 나이로
야간대학의 피부미용학과에 입학하게 되었다.
아침 8시에 숍을 오픈하여
오후 6시까지 일을 끝내고 학교에 가야 했다.
이로 인해, 저녁 타임에 관리를 받지 못하는 고객들을 위해
학교에서 돌아와 새벽 2시까지 일을 해야만 했다.

내게 직접 관리를 받고자 하는 고객들을 위해
당연히 주말과 국경일도 없이 일을 할 수밖에 없었다.
일주일에 2회 정도는 강의를 하고,
나머지는 숍에서 고객 관리를 했다.
학사라는 스펙을 얻기까지 4년 내내
일과 강의 그리고 수업을 병행하며 교수의 꿈을 꾸었다.

꿈을 가슴에 품고 있어서 일까?
지칠 줄 모르고 넘쳐나는 에너지와
잠을 잘 수 없을 정도로 빡빡한 일정에도

버틸 수 있는 체력에 나 스스로도 놀라웠다.
나에게 이런 힘과 이성적인 판단,
그리고 꿈을 포기하지 않도록 해주었던
마인드 컨트롤의 원동력은
매일매일의 아로마테라피 생활화라 해도 과언이 아닐 것이다.
교수라는 꿈을 가슴에 품은 지 7년 만에
주변에 존경하는 교수님들의 지원으로 대학 강단에 설 수 있었다.
그리고 제자들에게 나의 노하우를 전수하고 양성하는 일이
얼마나 행복하고 기쁜지 다시금 깨우치고 있다.

아로마테라피는 나의 일생에 보석과도 같은 행운이었다.
아로마테라피를 만나지 못했더라면
교수가 되겠다는 꿈도 꾸지 않았을 것이고,
이 글을 쓰고 있는 지금쯤이면
무덤 속이나 병상에 누워 있었을 것이다.
나의 인생에 가장 잘 한 것은 아로마테라피를 시작한 것이다.

제자들에게 나의 노하우를
전수하고 양성하는 일이
얼마나 행복하고 기쁜지 다시금
깨우치고 있다.

“ 아로마테라피는 나의 일생에 보석과도 같은 행운이었다.
아로마테라피를 만나지 못했더라면 교수가 되겠다는 꿈도 꾸지 않았을 것이고,
이 글을 쓰고 있는 지금쯤이면 무덤 속이나 병상에 누워 있었을 것이다.
나의 인생에 가장 잘 한 것은 아로마테라피를 시작한 것이다. ”

두번째 香

아로마 테라피는 행운이다

LAVENDER BULGARIAN

라벤더 불가리안

학명 Lavendula angustifolia(미들노트)

심리적, 육체적 안정화, 자율신경계 안정, 염증성피부, 얼룩진피부, 아토피, 건선, 세포재생, 탈모방지, 고혈압조절, 불면증, 근육통, 좌골신경통, 요통, 무좀, 히스테리 예방

아로마테라피는 행운이다

사람들이 바라보는 최미경은 참 귀해 보인다고 한다.
부모나 남편 잘 만나 손에는 물 한 방울 묻히지 않고
고생이 뭔지 모르고 사는 그런 여자 같다고 한다.

"미경이 너는 남편 잘 만나 좋겠다. 고생이 뭔지 아나?"

30년 만에 만난 초등학교 친구가 툭 던진 말에
아무 대답도 못 했다.
친구의 말은 부자 남편 만나서 하고 싶은 일하고,
갖고 싶은 것 다 가지며 부유하게 사는 모습이
좋다는 말이었을 것이다.

딸을 목숨만큼이나 지극히 사랑했던
지혜로운 친정어머니를 잘 만났고,
착하고 성실하며 너무나 진실 된 남편을 만난 건 맞는 것 같아서,
친구에게 아무 대꾸도 하지 못 했다.
그리고 가만히 나를 되돌아보았다.
친구의 눈에 비친 나의 모습이 나빠 보이지 않다는 것이다.
친구에게 진정으로 감사했고, 그렇게 봐준 친구가 참 고마웠다.

최미경은 죽을 것 같은 가난이 뭔지 알고,
심장이 갈기갈기 찢기는 슬픔이 뭔지 알고,
자살을 시도할 정도의 분노와 숨이 끊어질 듯
암흑과도 같았던 아픔이 무엇인지 안다.
지금 부유하고 행복한 모습은
너무 가난하고, 슬프고, 아플 때 만나게 된
아로마테라피가 내게 행운으로 다가와 주었기 때문이다.

아로마테라피는 나의 인생에서 신이 주신 행운이다.
아로마테라피를 만난 이후에
건강한 삶을 영위하기 시작했고,
긍정적인 마인드를 갖게 되었다.
용서를 어떻게 하는지도 알게 됐고
세상에 대한 두려움을 이기는 용기도 배웠다.
또한 무에서 유를 창조하듯 아로마테라피는
새로운 가치를 일깨우게 해 준 행복 전도사이기도 하다.
최미경의 인생에 하나님이 주신 선물 중
단연 최고라 해도 과언이 아닐 것이다.
그것은 삶을 풍요롭고 윤택하게 하는 마력을 가지고 있으며
내 인생을 더욱 아름답게 풀어갈 수 있도록 도와줬다.

아로마테라피 마니아들은 참 지혜롭고 똑똑한 사람들이다.

그들은 아로마 이야기에 빠져들어

그들의 생활에 활용하고 싶어 한다.

자연의 이치를 알고 자연으로부터 건강을 찾으며

화학적인 것이 얼마나 악한 것인지를 알고 있는 지식인들이다.

나에게 그러했듯 그들에게도 아로마테라피는

동일한 행운이 될 것이다.

향기로 몸과 마음을 치유하는 아로마테라피

아로마는 그리스어로 식물의 향기 또는 냄새를 의미한다.
테라피는 '치유하다'라는 뜻이다.
둘의 합성어가 아로마테라피이며
약초(herb)에서 추출한 향기나는 오일로
병을 치유한다는 의미다.
성경책 그리고 중국 산해경과 황제내경, 본초강목 등
한의학 문헌에서는 향기가 나는 오일 향유(香油)로
기록되어 있다.

현대의학에서 처방하고 사용하는 합성의약품이 발견되기 전에는
세계적으로 각 나라마다 병을 치료하기 위해
허브를 다양한 방법으로 처방하여 사용하였다.

한국과 중국 그리고 일본은 한의학(전통의학)에서
환자에게 약초(herb)를 달여 먹였다.

인도는 약초(herb)에서 오일을 추출하여 마사지 이외에
기타 다양한 방법으로 아율베딕이라는 전통의학에 사용하였다.

유럽은 약초를 처방하여 뜨거운 물에 우려내어 차로 마셨다.

태국은 말린 약초(herb)를 무명천에 둥글게 싸서
찜통에 뜨겁게 쪄 마사지를 했었고,
이외에 발효시키거나 가루를 내어 치료에 사용했다.

아로마 에센셜 오일은 이집트의 연금술사들을 통해
약초가 지니고 있는 향기만 추출해서
미용과 치료에 사용됐다.
유럽 전통의학에도 부분적으로 사용됐으며
민간요법으로 가정에서도 허브를 직접 채취하거나 사서
가정 의학으로 아로마테라피를 활용하고 있다.

이렇게 나라별로 약초 사용 방법이 달랐고
아로마테라피는 수 천 년 동안 질병을 다스리는
이집트와 그리스 유럽의 전통의학이었다.

자연치유요법 아로마테라피

우리 몸은 스스로 병을 치료하고자 하는 능력이 있다.
이것을 자가 치료법이라 한다.
면역시스템이 올바르게 작동하게 되면
하루에 수백, 수천 개의 암세포가 발생되어도
모두 파괴시키며 우리 몸의 세포를 보호한다.
그러나 면역시스템의 오류로 면역력이 약해지면
매일매일 생겨나는 암세포가
장기에 자리를 잡고 성장하기 시작한다.
암세포가 1기 암이 되는 기간은 평균 13년이라 한다.
이런 시간적인 여유로 볼 때 우리 몸은
어떻게 관리하느냐에 따라
1기 암이 발생되지 않게 예방할 수 있는 힘을
분명히 가지고 있음에도 불구하고
많은 사람들이 잘못된 생활 습관과 과다한 스트레스로 인한
면역기능의 상실로 건강을 서서히
벼랑 끝으로 내몰고 있다.

이렇게 떨어진 면역력을 높여 내 몸이 스스로 강화할 수 있도록
도움을 주는 것이 바로 자연 치유법이다.

아로마테라피는 전인적인 예술이다

아로마 오일은 누가 처방하느냐에 따라 향과 효능이 달라진다.
화가들에게 똑같은 주제와 재료를 주고 그림을 그려보라고 하면
화가마다 그 작품에 대한 표현이 천차만별이듯이
아로마테라피 또한 개인에 따라 다양한 임상과 효능이 나온다.
이처럼 아로마테라피는 아트이자 전인적인 치유예술이며
아로마 오일은 신이 인간에게 내려 준
신비로운 명약이 아니겠는가.

아로마 오일은 천연향이기 때문에 아무리 똑같은 향이어도
사용하는 사람의 기본적 체취에 따라 다르게 반응한다.
반면 향수는 인공향이기 때문에
그 누가 사용해도 거의 똑같은 향기가 난다.

사람은 자연에서 왔다가 자연으로 돌아간다는 말이 있다.
그러므로 자연친화적인 모든 것을 좋아한다.
인공향은 오랜 기간 사용하게 되면
폐를 망가뜨리고 신경을 교란시킬 수 있으며
자연적인 천연향을 두려워하게 될 수도 있다.
늘어나는 인공향으로 인해 향기 민감증 환자 또한 늘어나고 있다.

팝콘의 버터 향, 우유가 1%로도 들어가 있지 않은
생크림에서 나는 우유 향,
커피가 들어있지 않은 인공 커피 맛, 사탕의 딸기 맛 등
이런저런 인공향이 난무하는 세상이다.
우리들은 인공향에 철저하게 속고 있으며
자신도 모르게 노출된 인공향으로 인하여
세포와 호흡기들이 시들어가고 있다.

사람은 자연에서 태어나 자연으로 돌아간다는 말이 있듯이
사람의 몸은 자연으로 채워질 때 삶의 질이 최적으로 높아진다.
우리 몸을 피폐하게 하는 인위적 인공향과 상품들을
자연인 우리들은 거부해야 한다.

아로마 오일 향에 적응하는 과정 중 생기는 신경계의 반응

아로마는 극소량을 사용하였을 경우엔 인체에 해가 없다.
다만 극소량일지라도 혈압 체크를 반드시 해야 하며,
혈압에 맞추어 블렌딩했을 경우에 더욱 안전하게 사용할 수 있다.

정해진 사용량을 초과했을 경우 신경계에 작용하여
잠시 동안이겠지만 신경을 불안전하게 하는 요인이 된다.
두통, 눈의 충혈, 신경과민, 어지러움, 메스꺼움 등의
증상이 나타날 수 있다.

이러한 증상들이 나타날 경우
한동안 아로마 오일 냄새를 맡지 않고
어느 정도 시간이 지나면 다시 편안해진다.
이런 증상들이 반복되는 과정 중에
몸은 아로마에 적응을 하게 되고
신경계는 안정을 찾게 된다.
이렇게 아로마의 모든 향기에 적응하게 되면
인체는 다시 원래의 기능을 원활하게 수행할 것이며
영혼과 정신이 맑아지고 몸도 건강해진다.

먹는 아로마는 안전한 것인가?

아로마테라피는 현대 과학이 발달시킨 의학이 아니다.
고대 때부터 사람이 병들면 병을 치료했던 약으로서
연금술사나 의술을 행했던 의사, 종교인들이 만든 것이다.
아로마테라피는
인류의 글자가 시작된 이집트의 5,000년의 역사로서
양약이라는 현대의학에 사용하는
아스피린이나 항생제 등의 화학의약품이 만들어지기 전까지
마사지를 치료에 적용한 유럽의 고대 의사들이 약으로 사용했던
전통의학으로 부작용이 없었던 것으로 알려져 왔다.

아로마테라피의 아로마 오일은 현재 프랑스에서는
마사지 오일로 사용하기보다는 병원에서 의료진이 처방하여
음용시키는 치료법으로 활용하고 있다.
아로마 오일을 잘못 음용시 일반인은 사고 대처 능력이
미흡하므로 반드시 의사의 처방 하에 음용해야 한다.
그리고, 경구용 아로마 에센셜 오일은 퓨어 100%만 가능하다.
퓨어 100%라 함은 식물에서 추출해서 나온 요소 외에
인공 화학적 요소가 전혀 포함되어있지 않음을 말한다.
의사 또한 처방시 등급에 따라 먹이는 양의 조절이 필수이므로

아로마 에센셜 오일을 기본적으로 분석할 수 있어야 한다.
에센셜 오일 이외에 에탄올이나
기타의 불순물이 섞여서도 안 되고,
음용하는 기간 또한 환자의 건강 상태에 맞추어서
적절하게 조절해야 한다.

그러므로 먹이는 것보다 가장 안전한 아로마 오일 흡수 방법은
마사지를 통해 피부로 침투시키는 방법이 가장 유용하다.
마가렛 모리 여사가 피부미용에 아로마테라피를 접목한 이유는
아로마 에센셜 오일을 먹었을 때보다 마사지를 했을 때가
부작용으로부터 보다 더 안전하기 때문이다.

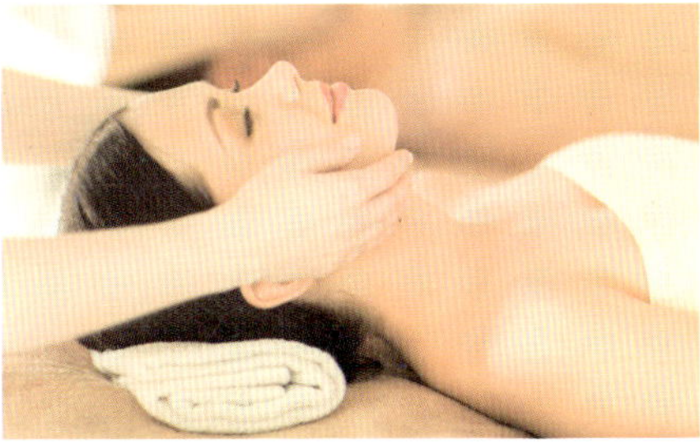

아로마테라피를 받은 후 나타날 수 있는 증상들

질환을 야기 시킬 수 있는 물질로 인해
약해지고 병들었던 세포들에게
유익하고 건강해질 수 있는 필요 성분을 공급했을 때
정상세포로 변해가는 과정에서 나타나는 반응을
호전반응이라 한다.
쉽게 말해 좋아지기 전에 일어날 수 있는 반응들이다.

미국의 슈트워드 M.B박사는
'호전반응은 몸의 면역계가 세포들의 병적 물질을 제거할 때
면역 시스템이 강하게 반응하여 나타나는 현상'이라고 했다.

호전반응은 사람의 건강 상태와 증상에 따라 다르게 나타나지만
보통 평균 2주~4주 정도 지속되기도 한다.
모든 반응이 나타나는 사람이 있는가 하면
한 두 가지 정도 나타나기도 하고
자신도 모르게 지나가는 경우도 있다.

호전반응이 나타날 경우 잠시 멈추었다가 가라앉으면
다시 시작했을 경우 호전반응이 일어나지 않는다.

아로마테라피를 받은 후 나타날 수 있는 호전반응

다음과 같은 반응이 나타나는 것을 호전반응이라 한다.

- 미열과 고열이 날 수 있다.*
- 두드러기가 부분 또는 전신에 나타날 수 있다.
- 피부 전신에 작게 혹은 큰 트러블이 생겨 날 수 있다.
- 메스꺼워질 수 있다.
- 약간의 두통이 있을 수 있다.
- 소변의 양이 많아진다.
- 몸에서 악취가 날 수 있다.
- 입맛을 잃거나 더 좋아질 수 있다.
- 통증이 있었던 곳에 다시금 통증이 시작되기도 한다.
- 잠이 많아진다.
- 갈증이 난다.

* 일시적인 현상으로 잠을 푹 자고 나면 열이 내린다.
고열이 있을 경우 땀을 흘려주면 열이 내리지만 가끔 며칠간 고열이 지속될 수 있다.

세상에서 가장 오래된 향유 공장

2005년 이탈리아의 고고학자들에 의해
사이프러스 섬 니코시아로부터 55마일 떨어진 언덕에서
지진으로 인해 땅에 묻혀 있던 청동기 그리스 시대의
가장 오래된 향유 공장 터가 발굴되었다.
4,000년 만에 세상에 드러난 향유 공장은,
산업 단지 안에 복합공장 형식으로 건축된 것으로
올리브유 추출장비들과 와인 양조장
그리고, 구리 제련 장까지 갖추고 있었다.
크기는 4,000평방미터(m^2)로 1,200평에 달한다.
발굴을 주도한 마리아 로사 벨지오르노 씨는
"향수 제조 공장 유적지의 크기에 놀랐다."라고 했다.
향유 공장 넓이가 1,200평 규모이니
엄청난 양의 향유를 생산 수출하였을 것으로 짐작된다.
공장 터에서 60여 개의 증류기와 깔때기, 향유를 담는 옥합이나,
도기 등이 온전히 보관된 상태로 발굴되기도 했다.

사이프러스 섬은 2004년에
유럽 연합에 가입한 키프로스 공화국이라 불린다.
세계에서 81번째로 큰 섬으로 제주도의 5배 크기이다.

그리스인들이 비너스가 태어났다고 믿을 정도로
너무나 아름다운 섬이다.
이 아름다운 섬은 둘로 나누어진 분단국가이다.
터키인들은 북부 키프로스,
그리스인들은 남부 키프로스로 나누어져
무섭게 총을 든 군인들이 국경을 살벌하게 지키고 있다.

키프로스는 성경에서 바울의 전도지로서,
바나바의 고향이기도 하다.
키브로스는 구브로라는 이름으로도 불리는데
지중해의 3대 도시에 속하는 이 섬은
그리스와 이집트, 로마, 터키가 주변에 둘러싸여 있어
교통의 중심지이다.
이집트가 지배할 당시에 화려한 이집트의 문명을
그대로 받아들인 곳이기도 하다.
이집트와 그리스의 아로마 오일 추출법을 받아들여
활발한 무역을 통해 향유를 수출한 곳이기도 하다.
향유를 담았던 설화(雪花) 석고로 만든
12개의 깨진 파편의 성분 검사 결과,
키프로스 지역에서 생산되었던 허브들로부터 추출한
시나몬, 월계수, 로즈마리, 솔, 베가못, 고수풀 등이 나왔다.

작은 옥합들과 500L 정도의 향유를 담는
도기들이 발견된 점으로 보아
추측하건데 이 섬은 고대 때 가장 유명했던 향유 생산지와
교통의 중심지라는 이점으로 지중해 향유의 중심지로서
활발한 무역 활동을 했을 것이다.

고고학자들은 발굴할 당시의 상태로 볼 때
허브를 갈아 물과 기름을 배합한 후 목이 긴 항아리에 담아서
12시간가량 일정한 낮은 온도의 장작불에
향유를 추출한 것으로 짐작했다.
이런 추출 방법이 최초의 수증기 증류법이다.

클레오파트라의 향기에 넘어간 로마 최고의 권력자들

시저(카이사르)와 마르쿠스 안토니우스는
로마의 최고 권력자였다.
이 당시 로마는 전 유럽을 장악하고 통치하는
세계 최고의 강대국이었다.
그런 최고 권력자들이 무엇이 아쉬워서
한 여자의 유혹에 빠져
막강한 통치자의 자리도 목숨도 잃었을까?

이집트의 문명이 가장 화려했던 시대는
BC 1580~1314년, 약 3,500년 전이다.
고대 이집트는 불가사의한 문명을 형성할 당시에
의학과 약학 그리고 향수 제조와 미용술, 역학 등
고대 과학의 중심지였으며 발생지였다.
고대 이집트인들은 향유 제조 기술이 뛰어났고
향기 연금술사들이 풍부한 지식을 이용해
향기만 분리했다고 전해진다.

아로마 에센셜 오일로 치료할 때 약품 처방전을
티리약(tiryac) 이라고 하는데,
이집트의 카이로 시장에서 티리악이 판매될 정도로
향유는 약품으로 성황을 누렸던 시대이다.

기원전 3세기부터 이집트인들이 가장 많이 사용했던 향수 중에
이집트의 성전에서 아침에는 신에게
밤에는 침실에서 발향한 '키피'는 환희와 깊은 숙면을 취하게 하고,
선명한 꿈을 꾸게 도와준다고 했다.
향수 '키피'제조법은
그리스 철학자 플루타르코스가 밝힌 16가지 허브 성분으로
대표적인 성분이 유향(frankincence)과 몰약(myrrh),
헤나카다멈, 주니퍼, 민트, 사프란, 벌꿀, 비밀스러운 허브
성분들을 비롯한 수지들을 모두 포도주에 담아 제조하는데
500g을 제조하는 데만도 무려 1년이 걸린다고 한다.

이집트의 파라오는 신비로운 향유 제조법과 향수 제조법을
극비에 부쳤다.
이집트의 여왕이었던 클레오파트라 7세는
향유 추출공장을 두 개나 지어서 향수를 제조했다.
그녀는 사람의 마음을 사로잡아 유혹하고 몽롱하게 만들어
마음대로 조정할 수 있는 향수를 만들 수 있었던
향의 마술사였을 것으로 추정된다.

특별한 아로마 에센셜 오일을 잘 블렌딩하면
사람의 이성을 무너지게 하는 강한 마력과
이성을 유혹하는 매혹적인 향을 가진 아로마를
블렌딩할 수도 있지 않겠는가?

남동생에게 패배한 클레오파트라 7세는
시저를 유혹하여 아들까지 낳았다.
권력자 시저가 살해당하자 안토니우스가
시저의 뒤를 이어 이집트를 정복했다.
그러나 그 또한 그녀의 술수에 곧 넘어가고 만다.
클레오파트라에 대한 궁금증과 호기심으로
그녀가 초대한 호화로운 배에 오게 되면서 바로 유혹 당하고 만다.

안토니우스를 맞이한 초호화 선박은
다시는 그 누구도 재현할 수 없을 정도로
화려하고 아름다웠다고 한다.
금과 은으로 치장한 선박에 은으로 만든 노를 저었다.
클레오파트라를 시중드는 시종들은 천사 천군같이 꾸몄으며
그녀 역시 여신처럼 더욱 아름답게 치장하였다.
또한 매혹적인 음률의 하프 소리와 함께 향기로운 향을 피웠는데
나일강변에 그 향기가 진동했다고 한다.
그렇게 유혹당한 안토니우스는 10년 동안
로마의 통제를 받지 않고 그녀와 함께 이집트를 통치했다.

클레오파트라 7세는 코가 높은 남성스러운 얼굴과 몸을 가졌는데,
풍만한 여성스러움을 위해 여성호르몬을 다량 함유한
장미 향유로 매일 입욕을 하였고,
몸에는 한 번에 400데나리온(현재 가격으로 1,200만 원 상당)의
향고(아로마 오일로 만든 연고)를 발랐다고 한다.
클레오파트라 침상이 있는 왕궁에는 늘 좋은 향을 발향하였고,
여러 가지 아로마 에센셜 오일을 섞어서
특별하고 환상적인 향수를 만들어
늘 향기로운 냄새로 온 왕궁을 가득 채웠다고 전해지고 있다.
이집트에서 생산된 향유들은 그리스와 로마 등지로 수출되어
향료는 왕족과 귀족계급의
권력과 부를 상징하는 기호품이 되었다.
향료의 원료 재배와 추출 및 제조기술이
특정지역에만 생산되다 보니,
향을 구입하는 것이 어려운 서민들이
귀족의 몸에 뿌린 향유 냄새를 맡아보기 위해
뒤를 쫓아가는 일들이 허다했다.

세계 시대의 미인들이 그러하듯 클레오파트라 또한
향으로 자신의 몸을 볼륨감 있게 가꾸었고,
피부는 실크처럼 매끄럽게 유지하였다.

아로마 에센셜 오일향의 특징 중 하나가
신경계에 관여하여 사람을 지혜롭게 만들고,
마인드 컨트롤에 도움을 주어 전략을 세우거나
결정을 할 때 사람을 현명하게 만든다는 것이다.

향을 사랑한 클레오파트라는
충분히 사랑받을 수 있도록 자신을 관리했을 것이고
남자의 마음을 사로잡는 방법과
향에 취해 자신을 더욱 사랑해 주도록
유혹하는 기술을 가지지 않았을까?
클레오파트라가 살아 있다면 그 기술이 무엇인지 물어 보고 싶다.

남자의 마음을 사로잡는 아로마

체음제 작용을 하는 아로마 에센셜 오일 선택

남자들은 스트레스를 받으면 음주가무나 성적인 것을 찾는다.

남자들의 향 쟈스민

극소량만 사용해야 하는 가난한 자의 쟈스민과 일랑일랑

무릎 베개 같은 카모마일 로만

남자들의 마인드컨트롤에 사용하는
역사가 가장 오래된 아로마 오일 프랑킨센스

남자를 용감하게 만드는 시나몬

여자가 사랑스러워지는 향 로즈 등

쟈스민

일랑일랑

카모마일 로만

매혹적인 나만의 향기 만들기

최근 인공향의 두려움으로
아예 향수를 멀리하는 사람들이 늘어가고 있다.
사람에게서 나는 기본 체취는 좋을 수도 악취가 날 수도 있다.
자칫 나도 모르게 풍겨나는 나쁜 체취로
주변 사람들에게 불쾌감을 줄 수 있다.
남자는 얼굴이 예쁜 여자 보다
좋은 향기를 가진 여자를 더 오래 기억한다고 한다.
무조건 향수를 멀리하기보다는
아로마를 통해 나에게 맞는 나만의 독특한 향기를 가져보자.
시중에 나와 있는 여러 가지 향수들을 가지고
나만의 개성 있는 향기를 가지기는 어렵다.
그러나 아로마는 다르다.
천연 아로마로 만든 향수는
인공향과는 달리 심리적인 안정감을 줄 수 있으며
자신이 원하는 향만을 골라 직접 만들 수 있으므로
나만의 개성 있는 아름다움을 한껏 더 빛나게 할 수 있다.
아로마로 오래 기억될
자연을 품은 나만의 향기를 만들어 보자.

아로마 향수를 만들기전 알아야할 기본 베이스

하나의 향수를 만들기 위해 알아야 할 3단계 향의 변화
탑 노트, 미들 노트, 베이스 노트에 대해 알아보자.

탑 노트 Top Note

향수를 뿌렸을 때 가장 처음으로 강하게 느껴지는 향이다. 10~15분 정도 지속된다.

향의 지속 정도에 따라 구분되어진다.

미들 노트 Middle Note

향수를 뿌리고 1~2시간 정도까지 유지되는 향이다.

베이스 노트 Base Note

2시간 이상 가장 오래 남는 향이다. 잔향이 되어 오래 머물러 있기 때문에 그 사람의 체취로 착각할 수도 있다.

향수를 만들기 전 고려해야할 사항

1 혈압을 체크한다.
2 심리 상태를 확인한다.
(우울, 불안, 초조, 긴장감, 스트레스 기타)
3 좋아하는 향이 무엇인지 확인한다.
4 합성 향을 사용하고 있으면 함께 사용하지 않게 한다.

향수로 사용하기 좋은 아로마 에센셜 오일

탑 노트 + 미들 노트 + 베이스 노트

탑 노트

- ☐  레몬
- ☐  오렌지스윗
- ☐  그레이프프룻 화이트
- ☐  팔마로사
- ☐  카제풋
- ☐  레몬그라스

미들 노트

- ☐  카모마일 로만
- ☐  페퍼민트
- ☐  제라늄
- ☐  라벤더
- ☐  페티그레인

베이스 노트

- ☐  세다우드 아트라스
- ☐  프랑킨센스
- ☐  쟈스민 앱솔루트
- ☐  로즈오또
- ☐  일랑일랑

내가 선택한 에센셜 오일은?

+ +

[ ] [ ] [ ]

기본적인 10㎖ 천연 향수 블렌딩 방법

편안한 향수 블렌딩	여성 : 카모마일 로만 3㎖, 제라늄 3㎖, 네롤리 3㎖, 로즈 1㎖ 남성 : 제라늄 5㎖, 카모마일 로만 3㎖, 쟈스민 1㎖, 일랑일랑 1㎖
상큼한 향수 블렌딩	그레이프프룻 화이트 3㎖, 오렌지스윗 3㎖, 레몬 3㎖, 페퍼민트 1㎖
명상용 향수 블렌딩	세다우드 3.5㎖, 프랑킨센스 3.5㎖, 히솝 1㎖, 미르 2㎖
최음제 향수 블렌딩	쟈스민 2㎖, 로즈 2㎖, 일랑일랑 1㎖, 프랑킨센스 5㎖

체취를 꽃잎처럼 향기롭게 만드는 천연 향수 사용법 제안

1 1방울 떨어뜨려 머리끝에 발라준다.

2 치마 끝단이나 바지 끝단에 1방울 찍는다.

3 마카다미아 5방울과 향수 2방울 떨어뜨려 머리카락 헤어 오일로 바른다.

4 조조바 15㎖에 향수 4방울 떨어뜨려 잘 블렌딩 한 다음 온몸에 바디 오일로 바른다.

5 욕조에 입욕할 때 8방울 떨어뜨려 15분 입욕한다.

6 두발을 샴푸 한 후에 린스 대용으로 4방울 온수에 떨어뜨려 헹궈낸다.

7 아로마 램프에 8방울 떨어뜨려 피운다.

8 4방울로 족욕을 한다.

9 현재 읽고 있는 책갈피에 1방울 떨어뜨린다.

10 잠 잘 때 베개에 1방울 떨어뜨린다.

이집트 미라를 만들 때 사용한 몰약(미르)

3,500년 전 제18왕조 때 파라오(BC 1580~1314년)로
18세의 젊은 나이에 죽은 투탄카멘의 무덤을 발굴할 당시,
고고학자들이 미라와 함께 있던 아라바스타 항아리에서
은은한 향이 나서 놀랐다고 전해진다.
어떻게 3,500년이란 긴 시간 동안 향기를 머금고 있었을까.

기후가 건조한 이집트는 모래에 묻힌 시체가
오랜 시간 썩지 않는 것을 발견하였고,
시체를 3,000년 이상 보존하는 방법을 찾아냈다.
이집트에서는 미라를 만드는 전문가가 있었으며,
비용이 너무나 비싸서 돈이 많은
왕족이나 부자들만이 만들 수 있었다.
미라를 만들어서
70일이라는 시간동안 보존하기 위해 방부제로 사용된 것이
유향(프랭킨센스)과 몰약(미르) 그리고 검, 세다우드 등이었다.
이 향료(향을 만드는 재료)와 향유는
나무에서 추출된 수지(송진)였으며,
시체를 돌처럼 굳게 하여
썩지 않게 해주는 물질이다.

물질을 썩지 않게 방부 작용을 하는 수지의 향유들은
베이스노트에 해당되며
잘 증발하지 않는 특징을 가지고 있어서
밀봉해 두면 수 천 년 동안 보관이 가능하다.
2,000년 전에 이런 향유(아로마 에센셜 오일)들은
가격이 고가여서 왕족이나 부자가 아니면 살 수 없는
귀한 보물과도 같았다.

사람이 죽으면 비강(콧구멍)을 통하여 뇌를 긁어내고,
옆구리에 구멍을 내어 장기들을 방부 처리하여
네 개의 돌 항아리에 따로따로 보관하였다.
시체는 체액을 모두 제거한 후에 수지 향유들을 혼합하여
시체에 바르고 말리기를 반복한다.
몰약과 여러 가지 허브와 향유에 담아 두었던 아마포를
시체에 칭칭 감아서 관에 안장하는데
이때 겹겹이 관을 씌워 세워 둔다.

유럽에서는 미라의 가루가 만병통치약처럼 약효가 뛰어나다 하여
모든 병을 치료하는 약재로 사용됐다.
아마 수 천 년 동안의 영생 불변의 신앙으로 남겨진
미라의 신비로움이 약효를 낸다고 생각한 것 같다.
하지만 이는 미라와 붕대에 발라졌던 몰약과 향유의 성분으로
인하여 탁월한 약효가 있었던 것이다.

신비로운 미라 가루는 중세 유럽에서는
비싼 가격에 팔릴 정도로 중독된 사람이 많았으며
공급보다는 수요층이 많아 구하기 어려운 약재가 되었다.

미르(몰약)는 고대 때부터 다양한 질환에 사용하였는데
구약성경에서는 몰약을 약재로 처방하였고,
성유(하나님께 드리는 향)와 관유(죄를 속죄할 때 드리는 향)로도
사용한 기록이 곳곳에 있다.

미르

| 학명 Commiphora myrrha 베이스노트

기억력 상승, 무기력증, 심신안정
흉터완화, 세포재생
생리통, 생리불순, 생리촉진
장에 가스가 찰때

독초는 향기가 없다

대부분의 독초들은 향기를 지니고 있지 않은 것이 특징이다.
향유는 향이 없는 허브에서 추출하지 않기 때문에
독초로 향유를 만들지 않게 된다.
향기가 나는 허브에서 추출한 아로마 에센셜 오일의 독성은
식물 본연이 잠재되어 가지고 있는 근본의 독소이다.
사람 또한 독을 가지고 있다.
침, 눈물, 콧물은 뮤신이라는 항균 물질을 가지고 있어
세균을 살균 시키는 역할을 한다.
그리고 사람의 침은 지네까지도 맥을 못 추게 한다고 한다.
또 위액은 강산으로 소화에 관여하는 것 말고도
내장으로 들어온 세균, 곰팡이 등을 살균시켜 몸을 보호한다.
이렇게 사람의 몸에 잠재되어 있는 독처럼
식물의 독 또한 소량을 잘 희석해서 사용하면
약이 되어 놀라운 효과를 보이고
과다한 양을 사용하면 독이 되는 것이다.
아로마 종류 중 독성을 함유하고 있는 것은 약 20% 정도이며,
80% 이상은 독성이 없어 안전하게 사용 가능하다.
독성을 가진 아로마들은 독이 있는 반면
면역 기능을 향상시키는 효능을 가지고 있기도 하다.

아로마 에센셜 오일에는 식물 본연의 상태보다도
70배 이상의 독성이 농축돼 있으므로 극소량을 사용하거나
1/2 또는 1/20 정도로 희석해서 사용하는 것이 안전하며
오히려 약효를 크게 얻을 수도 있다.

궁금해요

아로마 에센셜 오일을 많이 사용하면 간에 독성을 남긴다는데...

등급에 따라 사용하는 용량의 차이는 있겠지만,
순수 퓨어 등급의 아로마 에센셜 오일은
전신마사지나 1회 입욕할 경우 8drop(보통 1㎖에 20drop) 이하로
사용하는 것은 안전하다.
보통 한번 사용할 시에 50배에서 200배 정도를 사용해야
인체에 무리를 줄 수 있다.
아로마테라피 마사지 시 피부나 호흡기로 침투될 경우에는 간을
거치지 않는다.
그러므로 몸에서 해독할 필요가 없을 정도로 극미량 사용할 경우엔
간에 독성이 쌓이지 않는다.

그러나 아로마 에센셜 오일을 복용 시에는
간에서 해독하는 중에 독성이 쌓이고 위험할 수 있으므로
반드시 의사의 처방이 필요하다.

임산부나 노약자, 간질 환자에게 주의해서 사용하는 오일

유칼립투스

시나몬리프

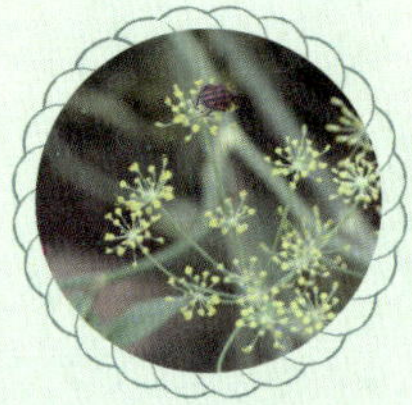

일랑일랑

세이지

로즈마리

펜넬

히솝

파인니들

세이보리

만성피로 증후군에 적용하는 아로마테라피

태어나면서부터 우리는 과도한 경쟁 시대에 노출된다.
유치원 시절부터 수능에 대비하고,
대학에 들어가면 취업에 대비하고,
취업을 하게 되면 살아남기 위해 경쟁한다.
이와 더불어 불안과 초조함, 조급증 인구가 늘어가고 있다.
이렇게 쌓이는 스트레스와 만성 피로 때문에
많은 질병에 걸릴 확률이 높아진다.

굵고 묵직해진 뒷목
갈라지고 탁하게 변해버린 목소리
충혈되고 뻑뻑한 눈
늘어진 다크서클과 어두운 피부색
잦은 요통과 구부정한 등
수시로 내뱉는 깊은 한숨
줄어든 말과 짜증스러운 말투
잦은 하품 그리고 두통과 편두통

만성피로 증후군의 증상이다.

증상이 반복되는 것을 방치할 경우
여러 가지 질환에 노출되기 쉬우므로
매일 자신의 몸을 돌보며 예방해야 한다.
돈은 잃으면 다시 벌 수 있지만
건강은 한번 잃어버리면 회복하기가 쉽지 않다.

만성피로 증후군에 좋은 아로마 에센셜 오일

- 고혈압 : 바질, 캐롯시드, 제라늄, 넛메그
- 저혈압 : 베가못, 로즈마리, 블랙페퍼, 베티버

각각 2방울씩 욕조에 떨어뜨려 15분 정도 입욕하거나
조조바 15㎖에 각각 1방울 씩 블렌딩하여 전신에 바르고 자면
피로감이 훨씬 줄어들어 개운하고 가벼워진 몸으로
아침을 맞이할 것이다.

페퍼민트

| 학명 Mentha x piperita 미들노트

스트레스 및 피로회복, 우울증
근육통, 감기, 천식 및 폐기능 강화
면역기능, 진통작용
*주의 : 원액을 피부에 펴 바르면 자극이 된다.

윈윈(win win) 아로마 에센셜 오일

아로마 오일 블렌딩시 혈압에 따라 다르게 선택해야 한다.
고혈압인 경우 혈압을 내릴 수 있는 오일을, 저혈압인 경우는
혈압을 상승하게 하여 정상적으로 회복하게 해주는
오일을 선택해 블렌딩하는 것이 좋다.
그러나 혈압 상태를 모르더라도
안전하게 사용할 수 있는 오일이 있는데
이것을 윈윈(win win) 아로마 에센셜 오일이라고 한다.

혈압 상태에 따른 아로마 오일 선택

탑 노트 + 미들 노트 + 베이스 노트

	탑 노트	미들 노트	베이스 노트
고혈압 향유	☐ 클라리세이지 ☐ 라벤사라	☐ 주니퍼베리 ☐ 라벤더	☐ 일랑일랑 ☐ 샌달우드 오스트리안
저혈압 향유	☐ 베가못 ☐ 오렌지스윗 ☐ 세이지	☐ 블랙페퍼 ☐ 히솝 ☐ 로즈마리	
윈윈win win 향유	☐ 바질 ☐ 카쥬풋 ☐ 캄포 화이트 ☐ 유칼립투스 ☐ 유칼립투스 스미스 ☐ 그레이프프룻 화이트 ☐ 레몬 ☐ 레몬글라스 ☐ 팔마로사 ☐ 티트리	☐ 캐롯시드 ☐ 카모마일 저먼 블루 ☐ 카모마일 로만 ☐ 사이프레스 프렌치 ☐ 제라늄 ☐ 파슬리 ☐ 펜넬 스위트 ☐ 페퍼민트 ☐ 페티그레인 ☐ 마조람 스위트 ☐ 네놀리	☐ 벤조인 올레오레진 ☐ 세이보리 ☐ 세다우드 아트라스 ☐ 프랑킨센스 ☐ 시나몬리프 ☐ 진저 ☐ 쟈스민 앱솔루트 ☐ 미르 ☐ 넛메그 ☐ 패출리 ☐ 로즈오또 ☐ 베티버

· 내가 선택한 향유는?

[ ] + [ ] + [ ]

일상에서의 아로마 오일 사용법

바디 오일

샤워 후 물기가 남아 있을 때 발라 주면 흡수가 잘 된다. 바디 전체에 필요한 1회 도포 양은 100㎖의 용량 중 3~5㎖, 스포이드로 5~7번이면 충분하다.

에센스

토너를 바른 후 촉촉한 수분이 피부에 남아 있는 상태에서 스포이드로 4방울을 손등에 떨어뜨려서 얼굴과 목 전체에 골고루 발라 흡수시킨 후에 영양크림을 덧발라 주면 된다.

족욕

처방된 아로마 에센셜 오일 4가지를 각각 1방울씩 총 4방울을 38도의 온수가 담긴 족탕에 떨어뜨려, 10~15분 정도 족욕을 하면 된다. 아로마 에센셜 오일 족욕은 발등까지만 담가도 충분한 효과를 낸다.

전신 입욕

각각 2방울씩 총 8방울 떨어뜨려서 38도 온수에 15분 정도 어깨까지 온몸을 물속에 입욕하고, 헹궈내지 않고 바로 타월로 물기를 제거한다.

두배의 효과를 누리는 똑똑한 아로마 오일 활용법

아로마테라피스트들이(이후 전문가라 칭함) 가장 많이 궁금해하는
내용들을 초보자 또한 쉽게 따라 할 수 있도록
자세한 블렌딩 방법을 소개하고자 한다.
전문가들이 고객 관리시 가장 어렵다고 하는 내용을 들어보면
고객들에게 나타나는 여러 가지 증상들에 대해
아로마 블렌딩을 어떤 포커스에 맞추느냐이다.

아로마를 인체에 적용할 때
첫 단계는 혈액순환이고,
두 번째 단계는 노폐물 배출이다.
세 번째 단계는 근육 속에 젖산을 분해하는 것이며
네 번째 단계는 호르몬의 밸런스를 맞추어주고,
다섯 번째 단계가 재생을 요한다.

오랜 경력의 베테랑 전문가들은
고객의 증상만 보고도 오일 선택이 가능하다.
반면 초보자들은 블렌딩 방법을 자세하게 말해주지 않으면
어디에 포커스를 맞춰 어떻게 처방해야 하는지 몰라
당황한 나머지 실수를 범하는 경우가 다반사다.

아로마 인체적용 5단계

여기에서는 바디엔 100㎖ 바디 오일로 블렌딩하는 방법과
얼굴은 천연 아로마 에센스로 자세히 기술하였다.

1단계 · 혈액순환 아로마테라피

건강의 기본은 원활한 혈액순환이다.
깨끗한 피가 온몸 구석구석 제대로 전달되지 못하면
그때부터 우리 몸은 하나둘씩 고장이 나기 시작한다.

혈액순환을 도와주는 바디 오일 블렌딩 방법

아침저녁 전신에 발라주면 일주일 후부터 가볍고 따뜻해진 몸을 만나게 될 것이다.

케리어 오일

= 조조바 30㎖, 그레이프시드 40㎖, 칼랜쥴라 30㎖, 에센셜 오일
= 오렌지스윗 8방울, 파인 7방울, 파슬리 7방울, 넛메그 8방울
(노약자는 에센셜 오일 1/2 블렌딩한다.)

혈액순환이 원활하지 못한 피부 상태

- 부종과 모세혈관 확장
- 눈가의 짙은 다크서클
- 볼 주변에 좁쌀 같은 트러블이 다량 발생되며 피부가 붉다.

얼굴 피부 혈액순환 촉진을 위한 아로마 에센스 블렌딩 방법

토너를 바른 후 4방울 떨어뜨려서 얼굴 전체에 골고루 충분히 발라서 흡수시키고, 영양크림을 바르면 된다.
일주일 후면 피부 톤이 맑아지고,
1개월 동안 사용하면 모공수축과 얼굴의 라인이 살아난다.

케리어 오일	조조바 10㎖, 칼랜쥴라 10㎖, 이브닝프라임로즈 10㎖
에센셜 오일	레몬 2방울, 제라늄 2방울, 라벤더 2방울, 프랑킨센스 2방울 (노약자는 에센셜 오일 1/2 블렌딩한다.)

2단계 · 디톡스 관리(셀룰라이트) 아로마테라피

우리 몸은 독소와 노폐물 없이 깨끗해졌을 때 쓸모없는 지방과 셀룰라이트를 분해할 준비를 한다.
셀룰라이트가 분해되어야만 오래되고 정체된 지방이 태워지므로 그때부터 살이 빠지기 시작한다.
독소가 제대로 배출되지 않은 우리 몸은 쌓여진 셀룰라이트로 인해 울퉁불퉁해지며 노폐물이 많이 쌓이고 정체되어 부분적으로 칙칙한 검은색을 띠고 목, 겨드랑이, 사타구니, 관절 부위 등이 부풀어 오른다.

몸의 노폐물 배출을 위한 블렌딩

몸의 노폐물과 셀룰라이트 배출을 위한 바디 아로마 오일을 블렌딩하여 일주일 동안 아침저녁 전신에 발라주면 셀룰라이트와 체지방을 태워 슬림한 몸매 관리에 도움을 준다.

케리어 오일	조조바 40㎖, 아보카도 30㎖, 윗점 30㎖
에센셜 오일	레몬글라스 8방울, 페넬 스위트 7방울, 제라늄 7방울, 패출리 8방울 (노약자는 에센셜 오일을 1/2을 블렌딩 한다.)

브이라인 얼굴을 위한 블렌딩

브이라인의 얼굴형을 원한다면, 노폐물이 많아서 얼굴형에 굴곡이 심한 경우 깊어진 눈 및 다크서클 턱 선이 울퉁불퉁하고 피부색 칙칙하면서 축 처진 피부에 블렌딩하여 꾸준하게 아침저녁으로 발라주면 늘어진 피부에 탄력이 생기고, 원하는 얼굴 형태를 만드는데 도움을 준다.

케리어 오일	조조바 10㎖, 마카다미아 10㎖, 로즈힙 10㎖
에센셜 오일	레몬글라스, 제라늄, 카모마일 로만, 패출리 (노약자는 에센셜 오일 1/2을 블렌딩한다.)

3단계 · 근육 이완 아로마테라피

근육이 경직되었거나 근육 속에 젖산이 많을 경우 노화가 빠르게 진행되며 계속되는 통증으로 인해 움직임이 자유롭지 못하다.

Body 올라간 견관절, 구부정한 어깨, 짧고 굵은 목, 발달된 종아리, 팔자걸음, 통 허리, 척추 측만증

- 고혈압 : 캄포화이트, 마조람 스위트, 카모마일 로만, 시나몬리프
- 저혈압 : 바질, 페퍼민트, 로즈마리, 진저

Skin 꺼진 볼, 튀어나온 광대 뼈, 돌출된 이마, 이중 턱, 사각 턱, 저작근 발달

- 고혈압, 저혈압 : 캄포화이트, 마조람 스위트, 카모마일 로만, 베티버

4단계 · **호르몬 관리** 아로마테라피

내분비계에서 분비되는 호르몬은
여성은 더욱 여성답게 남성은 더욱 남성답게 만든다.
신경전달 물질(뇌내 호르몬)은 마음을 안정시키면
심리적으로 컨트롤이 가능하게 한다.
사이토카인(면역계 호르몬)은 신체의 면역력을 키워서 항세균과
항바이러스 작용을 하여 사람이 병에 걸리지 않도록 돕는 역할을 한다.

Body

복부에 비해 어깨가 왜소 함
전신 피부에 탄력이 없고 창백함
무기력해 보이고 고개를 숙이고 다니며 다른 사람과 눈을 잘 맞추지 못함
몸에 떨림이 있음
머리카락에 힘이 없고 탈모 및 흰머리가 많음
목소리가 탁하거나 갈라짐

- 고혈압 : 클라리세이지, 마조람 스위트, 제라늄, 로즈오또(쟈스민 앱솔루트)
- 저혈압 : 세이지, 네놀리, 카모마일 로만, 미르

Skin

잔주름 피부, 처진 피부, 볼살이 꺼진 피부, 검버섯, 돌출된 볼살

- 고혈압 : 클라리세이지, 제라늄, 카모마일 로만, 샌달우드 오스트리안
- 저혈압 : 팔마로사, 제라늄, 네놀리, 로즈오또(쟈스민 앱솔루트)

5단계 · **재생관리** 아로마테라피

혈액순환이 잘되고 독소와 노폐물이 없는 정화된 몸은
호르몬 밸런스와 함께 몸을 젊게 만들고
세포를 재생시키려는 작업에 착수하게 된다.

Body 처진 팔뚝, 힙, 복부, 허벅지 등 늘어진 피부

- 고혈압 : 라벤사라, 주니퍼 벨리, 라벤더, 벤조인 올레오레진
- 저혈압 : 팔마로사, 로즈마리, 페넬 스위트, 패츌리

Skin 처진 피부, 잔주름, 깊은 주름, 사각 턱, 이중 턱

- 고혈압 : 팔마로사, 라벤더, 카모마일 로만, 미르
- 저혈압 : 레몬, 제라늄, 마조람 스위트, 프랑킨센스

" 땅에 떨어진 낙엽은 썩어서 나무의 영양분은 될 수 있어도 더 이상 파릇파릇한 나뭇잎 모양으로 되돌아가진 못한다. 이렇게 허망하게 떨어지는 낙엽과 같은 신세가 되기 전에 조금이나마 세포를 재생시킬 수 있는 힘이 남아 있을 때 아로마테라피를 적용하여 젊음을 유지해 보자. "

세번째 香

신비의 아로마테라피

ROSE OTTO

로즈오또

학명 Rosa damascena(베이스노트)

최음 효과, 항 스트레스, 항우울증, 두통, 두려움개선,
모든 피부, 아토피, 건선, 생리불순, 생리통, 호르몬조절,
간 기능 강화, 담즙분비, 살균, 소염

잇몸 염증을 완화 시키는
라벤더와 티트리 그리고, 제라늄

첫 아기 임신 중에 밤마다 사탕을 입에 물고 잔 탓인지
그만 어금니에 충치가 생기고 말았다.
사는 것이 바빠 그 후로 24년이 지나고 나서야
겨우 때우게 된 어금니가
말린 문어다리에 그만 두 조각으로 갈라지는 변을 당했다.
다음날 치과에서 쉽게 뽑혀지지는 않고 산산이 가루가 되어
부서지는 충치를 두 번의 마취를 하고
1시간 이상 깨고 부수며 어렵게 뽑아냈다.
그 사이 잇몸은 갈기갈기 찢겼고,
어금니가 자리 잡았던 곳은 지혈이 잘 되지 않았다.
매일 치료받으러 와야 한다는 의사 선생님의 말씀이 있었지만
연이은 강의 스케줄로 갈 수가 없었다.
부으면 어쩌나? 아프면 어쩌나 싶어 걱정하는 내게
의사 선생님은 무지 아프고 많이 부을 거라면서
일주일치 약을 처방하여 주셨다.

차라리 통증을 참으면 참았지 약 먹는 걸 싫어했던 나는
혹여 너무 아파 참기 어려워서 강의하는데 지장을 줄까 봐
일단 비상용으로 일주일치 약을 조제 받았다.
마취가 풀리기 시작하면서 극심한 통증이 시작되었고
밤이 되면서는 온몸에 열이 오르기 시작했다.
받아온 약은 먹고 싶지가 않아서 일단 아로마를 블렌딩해서
사용해 보기로 했다.

라벤더와 티트리, 제라늄을 블렌딩하여 1방울 떨어뜨린 물로 가글을 하고,
4방울을 거즈에 묻혀서 어금니 뺀 구멍 난 자리에 넣고 물고 있었다.

시간이 흐를수록 조금씩 통증은 가라앉는 것 같았다.
밤새 아프긴 했지만 통증이 심해지면
아로마를 묻힌 새 거즈를 수시로 바꿔서 물고 있기를 반복했더니
비교적 무사히 밤을 보낼 수 있었다.
다음날 아침, 부은 얼굴로 강의를 하게 되면 어쩌나 싶어
일어나자마자 거울부터 들여다보았다.
다행히 부어 있어야 하는 얼굴에 부기라곤 하나도 없었다.
잇몸이 욱신거리는 것이 꼭 꾀병을 부리는 것처럼
얼굴의 붓기는 하나도 없었고,
오히려 얼굴형이 더 갸름해진 것을 보고
놀라지 않을 수가 없었다.

그 이후 매일 하루 6~9시간 강의로 일주일 동안
하루도 쉬지 않고 강행군이 이어졌지만,
꾸준하게 아로마로 관리를 해준 덕에 통증이 사라지며
잇몸의 점막세포들은 빠른 속도로 재생되었다.

주사 한 대, 약 한 알 먹지 않고 아문 잇몸을 보며
이젠 임플란트를 해도 되겠구나 싶었다.
내 몸이 마루타가 되어 아로마에 대한 새로운 임상이 탄생되었다.

그 후로 난 지금껏 계면활성제가 첨가되어 있는 치약을
사용하지 않는다.
아로마 오일과 소금으로 양치질을 한 후 잇몸이 더욱 건강해졌고,
양치질 이후 완전히 제거되지 않은 계면활성제 성분이
식도를 타고 위로 넘어가서 생기는 속 쓰림과 아픈 증상도
이젠 더 이상 일어나지 않고 있다.

암 환자의 통증을 완화시켜주는 아로마 오일

사람이 정신적으로 스트레스를 받게 되면
대뇌피질에서 스트레스를 인식해서
코르티솔이라는 호르몬을 분비시킨다.

코르티솔은 부신피질에서 분비되는 스테로이드 호르몬으로서
면역기능을 저하시키는 역할을 하며
헬퍼 Tcell를 감소시켜, NKcell(내추럴킬러세포)을 억제한다.

NKcell은 항바이러스 작용을 하며
병에 걸렸거나 노화된 세포를 제거하고
암세포 등을 죽이는 역할을 하는 우리 몸에서
경찰관과 같은 역할을 한다.

NKcell이 하루에도 40개 이상 생겨나는 암세포를 제거하지
못하면 암에 걸리게 된다.
장기에 암세포 하나가 정착을 하여 초기 암 진단을 받기까지의
시간은 10~13년 정도 걸린다.
인간들이 암에 걸리지 않기를 바라는 마음을 아시는 걸까?
신은 미리 인체의 반사 부위들을 통해 또는

다양한 통증과 증상들을 통해서 신호를 미리 보낸다.
이런 증상들이 있을 때 혹시나 하고 병원에 가서 진단을 받으면
아무런 문제도 나타나지 않는다.
이때 아무런 문제가 나타나지 않았다고 해서
이것을 무시하고 몸을 돌보지 않으면 암에 걸리게 된다.
암세포 하나가 만들어질 때까지 10~13년이 걸리지만
초기 암이 발병되고서 말기까지는 빠른 속도로 진행되어
결국 현대의학도 고치지 못하는 지경에 이른다.

암은 몸 스스로가 만든 질병이다.
경고등이 깜박일 때 미리 체크한다면 건강한 삶을
유지할 수 있지 않을까?

암환자 아로마테라피 마사지 시 주의사항

- 근육이 약하게 움직이는 정도로 부드럽게 쓰다듬는 느낌으로만 마사지를 한다.
- 림프드레나지는 림프를 통해 암 전이가 빠르게 진행될 수 있으므로 피한다.
- 림프절의 상부 및 암이 생긴 자리 또는 수술한 자리는 피한다.
- 방사선 치료를 받는 상부는 피한다.
- 피부암이 된 부분은 아로마 에센셜 오일을 바르지 않는다. 그러나 캐리어오일은 무관하다.
- 유방암과 자궁암인 경우엔 에스트로겐 성분이 함유된 향유는 피한다.
- 호킨스씨병 및 골수암은 모든 부위의 마사지를 피한다.

주의사항 이외의 마사지는 권장하고 있다. 선진국의 호스피스와 간호사들은 말기 암 환자들이나 수술 후의 후유증 또는 두려움으로 인한 우울증에 행복감과 긍정의 감정을 유도하는 아주 부드러운 아로마테라피 마사지를 적극 권장하고 있다.

권장하는 아로마테라피

- 향유 사용을 정상인의 1/3로 줄인다.
  (전신 마사지 시에 안전한 아로마 에센셜 오일로 1~2방울만 블렌딩한다.)
- 부드러운 마사지는 권장한다.
- 상처나 화상 부위에 라벤더, 티트리를 블렌딩하여 소량 직접 바른다.
- 다양한 방향요법이나 흡입 요법을 권장한다.
- 입욕법과 습포법은 주의해서 할 수 있다.

말기 암 환자의 통증을 완화하는 향유

프랑킨센스, 클라리세이지, 베가못, 유칼립투스, 카모마일, 네롤리, 제라늄, 마조람 스위트, 로즈마리, 페퍼민트, 라벤더, 자스민 앱솔루트, 히솝, 벤조인

이외의 말기암 암환자 입욕과 마사지에 사용 가능한 향유

바질, 레몬, 팔마로사, 그레이프프룻, 티트리, 레몬그라스, 오렌지스윗, 주니퍼베리, 파인 니들, 블랙페퍼, 사이프러스 프렌치, 진저, 로즈오또, 샌달우드 오스트리안, 패츌리, 일랑일랑

아로마 오일의 탁월한 살균 기능을 아시나요?

28살 때의 일이다.
두 아이를 출산하고 난 후 면역력이 떨어져서 인지
류마티즘과 위장장애, 아토피 등의 질환에 시달리게 되었고,
심지어 생식기 부위에 고름까지 생겨 걷기조차 힘든 상황까지
간 적이 있었다.

지푸라기라도 잡는 심정으로
각각의 증상에 효능이 있다는 아로마를 직접 블렌딩해서 써보았고
많은 실패를 거듭한 끝에 드디어 효과를 보게 되었다.

> 살균효과가 뛰어난 티트리와 살균과 재생능력까지 포함된 라벤더,
> 그리고 여성의 면역기능을 강화시키는 네롤리와 로즈오또를
> 캐리어 오일에 적정량 희석시켜 사용하기 시작했다.

그 결과 놀랍게도 염증이 사라지고,
냉대하와 생리불순도 회복되었다.
오랜 기간 이 아로마를 혼자만 사용하다가
어느 날 남편에게 옮은 성병이 완치되지 않아 고생하고 있던
고객에게 권유하였고,

사용 1주일 만에 성병 바이러스가
완전하게 없어졌다고 한다.
이후 여성 생식기에 발생되는 유사한 증상을 호소하는 고객들에게
블렌딩해 선물로 드리며 임상을 하였고
그 결과는 실로 놀라웠다.

그렇게 탄생한 아로마가 바로 레이디원이다.

레이디원은 국내 최초로 생식기에 직접 바르는 방식을
도입하였으며 10년 이상의 임상을 통해 그 효과가 입증된
제품이다. 정식 상품화 3년 만에 대한민국의 대표적인 천연 성분
여성청결제로 자리매김하였다.
여성의 생식기는 점막 부위로서 적은 양의 화학 물질에도
쉽게 영향을 받는 아주 예민한 부위다.
직접 도포하는 여성청결제는 화장품에 첨가하는 화학제나
방부제가 첨가되지 않은 순수한 천연 물질이어야 안전하다.

티트리

라벤더

네롤리

로즈오또

행복을 선물해주는 회춘 아로마

아로마테라피를 피부미용에 처음 접목한 모리 여사의 책에서
발췌한 내용이다.

—

개인의 걸음걸이와 자세, 그리고 움직임에 따라 노화의 진행을 알 수 있다. 사람의 일생은 정신적, 육체적인 충격의 단계를 겪으면서 몸으로 반응하고 있다는 것을 알아낼 수 있다. 사람은 중년까지지는 아로마테라피로 몸을 회복시킬 수 있지만, 중년의 나이가 지나고 너무 많이 노화가 되었을 경우 회복하기 어렵고 오히려 노화를 앞당길 수 있으며 회복하는데 호전 반응을 심각하게 겪을 수 있다.

—

땅에 떨어진 낙엽은 썩어서 나무의 영양분은 될 수 있어도
더 이상 파릇파릇한 나뭇잎으로 되돌아가진 못한다.
이렇게 허망하게 떨어지는 낙엽과 같은 신세가 되기 전에
조금이나마 세포를 재생할 수 있는 힘이 남아 있을 때
아로마테라피를 적용하여 젊음을 유지해보자.
노화가 많이 진행되었다는 말은
이미 움직임이 둔하거나 신체 모든 부분의 기능이 저하된
상태이기 때문에

아로마테라피를 적용했을 경우, 받아들일 수 있는 힘이 약해서 몸이 벅찰 수도 있다.

그러므로 노인과 이미 병이 든 환자에게 아로마테라피를 적용할 때는 1~2방울 이하로 하고, 정신적인 안정감과 긍정적인 마인드를 찾을 수 있는 처방이 바람직하다.

캐리어오일은 전혀 부작용이 없으므로 자유롭게 처방이 가능하다.

클라리세이지

| 학명 Salvia sclarea 탑노트

우울증 예방, 긴장 해소
비듬, 탈모
호르몬 조절, 생리통 완화
생리주기 정상화, 진통작용

이런 게 바로 회춘이 아니고 뭐겠습니까

2006년 어느 날 60대 중반의 여성분이 사라 스킨케어 숍을 방문했다. 2명의 테라피스트와 정해진 고객만을 관리하며 쉴 새 없이 일하던 터라 기존 단골 고객의 추천을 받지 않으면 신규 고객을 받지 않고 있었다.

걸음이 자유롭지 않은 불편한 다리로 익산에서 대전까지 찾아오셨다. 얼굴은 순환이 잘 되지 않는 탓에 전체적으로 검게 보였고, 얼굴은 마비 증상이 있는지 한쪽으로 기울여져 있었다.
기존 고객의 추천을 받아 오셨기 때문에
이미 신뢰감이 형성되어 편안한 상담이 진행되었다.

3년 전에 중풍으로 쓰러지셨는데 매일 마사지를 받고
그나마 이 정도로 걸어 다닐 수 있어 감사하다고 하셨다.
다행히 성격은 긍정적이신 것 같았다.
추천한 고객의 딸을 보면서 지금보다 더 좋아질 수 있다는 확신이 들어서 사라스킨케어를 소개해 달라고 조르셨다고 한다.

전신 아로마테라피 프로그램을 받으시기로 하고,
일주일에 2회 관리를 시작했다.

익산에서 대전까지 먼 거리를 오시면서도 힘든 내색 한번
않으시고 단 한 번도 예약을 미루거나 거르신 적이 없다.
그렇게 부단한 노력으로 몸은 점점 회복되어갔다.

2개월이 지난 후 만나는 지인마다 50대 중반 정도로 밖에 보이지
않는다는 말을 듣는다며 좋아하셨다.
환한 얼굴빛과 꼿꼿하신 몸을 되찾으시고
"이런 게 바로 회춘이 아니고 뭐겠습니까"라며
환하게 웃으시던 모습이 생각난다.
그 후 그분은 이렇게 좋은 경험을 혼자만 할 수 없다며
내가 강의하는 사회단체마다 찾아다니시며 교육을 받으셨고,
직접 아로마테라피의 세계로 들어오시는 열정을 보이셨다.
놀라운 결과를 지켜 본 주변 지인들은 강한 믿음으로
그분께 아로마테라피를 받기 시작했다.

처음에는 아로마테라피 처방법을 모르셔서
수시로 전화로 물어 오시고,
고객의 사진을 찍어 우편으로 보내오시면
아로마 오일을 처방하여 보내드리기를 6년을 했던 것 같다.
그럼에도 그분은 교만하지 않으시고
조금이라도 헷갈리거나 궁금한 것이 있으면
주저하지 않고 전화를 주신다.
지금은 익산에서 며느리에게 피부미용사 자격증을 따게 하여

70대 중반이 되신 지금도 건강한 모습으로 피부관리실을 운영하고 계신다.
고령의 연세에도 자신감을 갖고 아로마테라피를 하시며 참으로 멋진 인생을 살고 계시는 그분께 박수를 보낸다.

오렌지스윗

| 학명 Citrus sinensis 탑노트

히스테리증상, 스트레스성 식욕감퇴
전신 혈액순환, 림프순환촉진
셀룰라이트분해, 비염

뱀 허물처럼 벗겨지는 시아버님의 피부

매주 일요일 교회에서 예배를 드린 후엔
남편과 아들을 데리고 요양원에 계신 시아버님을 뵈러 간다.
시아버님은 늘 "사라하고 막내며느리랑 살란다."하신다.
사라는 필자의 딸이고, 막내며느리는 필자이다.
내 딸과 막내며느리인 나와 함께 살고 싶다고 하셨던 시아버님을
바쁘다는 핑계로 모시지 못하는 것이
항상 마음에 걸리고 가슴 아프다.
새벽에 나가면 밤늦게 집으로 돌아오는데...
요리 솜씨가 없어서 식사도 제대로 챙겨드리지 못할 텐데... 등의
핑계를 대자면 무수히 많다.
그래서 항상 죄스럽고 맘이 무거운 막내며느리다.

3개월 이상을 병상에서 거동조차 못하시고
식사도 못하고 계신 시아버님은
봄 날씨의 건조함 때문인지 가렵다며 몸을 긁으시며
"간지러운데 바르는 약 사와라" 하신다.
간병인은 이미 약을 발라 드렸는데도 소용없다고 했다.
그래서 요양원에 있는 바세린을 발라 드렸다.

바세린과 인설들이 손가락 사이와 손바닥 전체에 묻어 나와서 계속 화장지로 털어내며 구석구석 발라드렸다.

그 다음 주에도 찾아뵈었는데 가려움은 여전하시다고 했다.
또 바세린을 온몸에 발라드리고 왔지만
'아로마 오일을 준비해 갈걸'하는 후회로 영 맘이 편치 않았다.
그 다음 일주일 후에 만난 시아버님의 피부는 역시 전혀 차도가 없었고, 다리와 팔 겨드랑이에 두꺼운 인설들은 침상에 떨어져 지저분하기까지 했다.
피부가 극도로 건조해져서 갈라지고 있었고 욕창까지 보이며 피부 상태는 뱀이 허물을 벗은 듯한 모습이었다.

블렌딩한 아로마 오일은
스윗아몬드 50㎖, 그레이프시드 20㎖, 아보카도 30㎖에 바질 2방울, 블랙페퍼 2방울, 넛메그 1방울, 히솝 1방울이었다.

준비해 간 아로마 오일을 발라드리고 일주일 뒤
다시 찾아뵌 시아버님 피부는 인설이 현저히 줄어들고
윤기가 나고 있었다.
가려움 또한 줄어들었다고 한다.
그리고 식사량도 많아지셨고 바깥 외출도 기분 좋게 하신단다.
다음 주엔 더욱더 건강해지실 거라는 기대감으로
다시 한 번 전신에 골고루 발라드리고 왔다.

또다시 일주일 후 만난 시아버님은 죽만 드시던 식사를 밥으로 바꾸셨으며, 욕창도 보이지 않았다.
피부 또한 윤기나고 뚝뚝 떨어지던 인설은 보이지 않았으며 피부색이 뽀얘지셨다.
그래서일까 말씀도 잘하시고 인지도 높아 보이셔서 마음이 좋았다.

블렌딩 해 간 아로마 오일을 시아버님의 뼈와 가죽만 남은 몸에 바르면서

"아버님 오래 사셔야 저희 맘에 힘이 되니
병상에 누워계셔도 오래 살아 주세요."

따뜻한 말과 함께 정성을 다해 발라드렸다.
처음에는 며느리가 피부 전체에 바세린을 발라 주고 있으니 불편하고 쑥스러우셔서 어찌할 줄을 몰라 하셨다.
몸이 좋아지고 마음이 편안해지니 일주일 내내 막내며느리를 기다린 눈치셨고, 마사지 내내 편안해하셨다.

스윗아몬드는 피부 천연 크렌져로도 사용하는 것인 만큼 피부의 각질을 녹이고 노인의 인설을 녹여 피부의 조직을 탄탄하게 만드는 역할을 한다.
또한 피부 톤을 환하게 하여 피부를 더욱 맑고 투명하게 만든다.

아로마테라피를 받은 후에 몸에서 썩은 냄새가 나요

오십 대의 폐경이 된 고객이 소개로 방문하셨다.
여기 가면 뱃살이 많이 빠진다고 해서 오셨단다.
그날부터 전신 아로마테라피 관리가 진행되었다.

복부뿐만 아니라 전체적인 고도 비만이셨다.
배가 나온 만큼 등이 굽고 솟아 있었으므로
목은 짧아지고 얼굴은 큰 바위 얼굴이셨는데
당신은 배만 살이 쪘으니 뱃살 위주로 빼달라고 하셨다.

첫 관리를 받고 삼일 뒤에 다시 오시라고 했는데
일주일 후에나 오신 고객은 관리 받은 날부터
자신에 몸에서 시체 썩은 냄새가 나고,
그 악취 때문에 구역질이 나서 도저히 밥을
먹을 수 없었다고 한다.

그래서 밖에 나갈 수도 없었고,
누구를 만날 수도 없었다며 울먹이며 하소연을 하셨다.

"나 이러다 죽는 거 아닌가요?"

사람이 노화가 진행되면 여자는 폐경이 된다.
폐경이 된 여자의 몸은 여성호르몬이 줄어들고
비례적으로 남성호르몬이 많아지는 현상이 생긴다.
이렇게 몸은 죽어서 땅에 묻혀 썩을 준비를 한다.
그래서 음식을 섭취하면 노폐물이 잘 배출되지 않고
몸 안에 쌓이는 현상이 일어난다.
젊었을 때는 먹는 대로 소화시키고 배출되는 항상성과
스스로 깨끗하고자 하는 정화 능력을 가지고 있다.
그렇지만 폐경이 시작된 노화 단계에선 이미 재생력을 잃어버리고
서서히 죽을 준비를 하는 것이어서 정화 능력이 떨어진다.
이때 아로마 오일 관리를 받으면 피부에 침투하여 배출될 때
몸 안에 쌓인 노폐물을 안고 배출된다.

재래식 화장실에 똥을 풀 때 엄청난 똥 냄새가 동네 전체에
퍼지는 것과 같이, 아로마테라피를 한 몸은 그동안 쌓인 노폐물이
땀으로, 피지로, 소변과 대변으로, 침, 눈물, 콧물 등
동시다발적으로 배출되는데 이때 악취를 동반한다.

그러나 폐경이 되었다고 모두 심각한 악취를 뿜어내진 않는다.
섭취하는 음식이 육류이거나 비만인 경우,
평소에 운동 부족으로 땀을 배출 시키지 못한 경우 그렇다.
사람마다 섭취하는 식재료가 다르고, 건강 상태나 흡연, 음주에
따라 체취가 각양각색으로 다를 수 있다.

고객은 2회째 관리 후에는 몸이 정화되어 얼굴이 환해지고,
그동안 정체되어 있던 많은 노폐물들이 배농되면서,
체중이 3kg이 빠졌고 목이 생겼으며 얼굴이 작아졌다.
그 이후부터 그녀의 체취는 향기로워졌다.

쟈스민 앱솔루트

| 학명 Jasminium grandiflorum 베이스노트

항우울증, 자존감형성
최음작용, 자궁강장, 생리통완화
허리에 바르면 출산을 돕는다.
*주의 : 아토피나 알레르기피부 사용금지

남편이 나에게서 좋지 않은 냄새가 난대요

사십 대 중반의 바싹 마른 장작과 같은 몸매를 하고
잿빛 얼굴을 한 여자분이 숍의 문을 열고 들어왔다.
여자라기보다는 남성스러운 인상을 강하게 풍기는 분이었다.
난소암과 자궁암으로 절재 수술을 하였고,
암은 병원에서 수술이 잘 되어서 완치되었으며
전이도 안 되었다고 한다.
그러나 그 이후로 온몸이 굳어가면서 마디마디가
아파오는 통증을 호소했다.

병원에 가도 원인을 알 수 없었고,
한의원에 가면 기가 부족한 탓이라며
보약만 계속 지어먹으라고 했다 한다.
마지막으로 속는 셈 치고 소개받아서 오셨다는
고객은 별 기대도 없이 긴 한숨만 내쉬며 낙담하고 있었다.

홈 케어로 매일 로즈오또 한 방울로 입욕을 하게 하고,
아침저녁 바를 바디오일은 조조바 100㎖에 레몬그라스 8방울,
제라늄 7방울, 페넬스윗 7방울, 패출리 8방울을 블렌딩했다.

숍에서 관리는 그때의 증상에 따라 아로마를 블렌딩해서
일주일 2회 아로마테라피 전신 관리를 받았다.
2주 째 되던 날 관리를 받던 중에
남편의 무관심과 외도에 대해 말씀하시면서
갑자기 울음을 터뜨리며 오열을 하셨다.

"남편에게 왜 나랑 같이 자지 않느냐고 물었더니
나에게서 냄새가 난대요. 그래서 가까이 가기 싫다고 해요.
그래서 예뻐져야겠다고 맘먹고 이렇게 시작하는 거예요.
나는 내 몸에서 무슨 냄새가 나는지 잘 모르겠어요.
몸에서 나는 냄새도 좋아 질까요?"

마음이 아파서 첫 회째 고객을 관리하는 도중 악취가 났었다는
말을 차마못했다.

"이미 사모님한테서 향기로운 체취가 나요."
"정말요?"
"그럼요. 남편이 곧 돌아올 거예요.
그리고 이제 곧 사랑받으실 겁니다."

6회째 관리를 받기 위해 숍을 방문한 그녀의 얼굴빛은
광채가 날 정도로 환해져 있었고
온몸에 여성스러움을 물신 풍기며 아주 많이 행복해 보였다.

"남편이 밖에서 외식하자고 해서 외식하고 데이트도 했어요.
요즘 나만 쫓아다녀요. 나에게서 좋은 향기가 난대요."

수줍은 그녀의 모습을 보며 나 또한
그녀만큼이나 기쁘고 눈물 날 정도로 가슴 벅차게 행복했다.
그녀는 날이 갈수록 젊어졌고 아름다워졌으며
통증도 사라지고 건강한 모습으로 사랑받는 여자가 되었다.
지금도 그녀는 환갑을 바라보는 나이에도 불구하고
여전히 젊은 여성 못지않게 싱그럽고 아름답다.

아이의 긁힌 상처에는 라벤더와 티트리

부모에게 있어 아이를 지키고자 하는 마음은 본능이다.
나의 분신과도 같은 자녀를 위해 그 무언들 아까울까
가장 좋은 것을 먹이고 입히며 좋은 집에서 편안한 생활할 수 있게
해주고 싶은 것이 세상의 부모 마음일 것이다.

필자 역시 부모이고 두 아이의 엄마다.
지금 돌이켜보면 아이들을 키우면서
가장 잘했다고 생각하는 것은
아이들에게 약을 많이 먹이지 않은 것과
상처가 생겼을 때 연고제를 바르지 않고
천연의 라벤더, 티트리를 발라 준 일이다.

아이들은 잘 넘어지고 잘 다친다.
우리 아이들 역시 툭하면 무릎이며 팔꿈치에
끊임없이 찰과상을 내어 피를 흘리며 들어오곤 했다.

그때마다 10㎖ 공병에 라벤더 100방울과 티트리 100방울을
블렌딩하여 상처에 직접 발라주면 바로 지혈이 되고,
빠른 속도로 상처가 아물기 시작했다.

딱지가 생겼을 때 일부러 뜯어내지만 않으면
새살이 돋아나서 피부가 흉터 없이 재생되는 것을
여러 번 경험했다.
그 이후 상처엔 무조건 아로마 오일을 발라준다.

지금은 아이들이 먼저 찾는다.

"엄마 상처 아로마 어디 있어요?"

라벤더와 티트리를 반반 블렌딩하여
병에다 유성펜으로 '상처'라고 써 놓았기 때문에
아이들은 상처 아로마라고 부른다.

남편도 양치질하다가 잇몸에 피가 나면
"여보 상처 아로마 어디 있어?" 한다.
그래서 우리 집엔 이 상처 아로마가 욕실, 거실, 안방, 아이들 방
여기저기에 놓여 있다.
아이들이 소풍을 가거나 여행을 떠나거나 학교에 갈 때도
가방에 항상 상비약처럼 넣어 주었다.
향기가 좋으니까 가끔 아이 친구들이 더러 가져가는 경우가
종종 발생했는데 전혀 개의치 않고 당연한 듯
"엄마 상처 아로마 잃어버렸어요."라고 말한다.

집안 곳곳에 흔하게 있는 물건이라 비싸고 귀한 줄 모르고
잃어버려도 아무렇지도 않게 생각한다.
그래도 엄마는 또 새로운 상처 아로마를 블렌딩하여
가방에 넣어주니 말이다.
그러나 아이들이 성장하여 청소년기를 지나고 청년들이 되면서
아로마가 얼마나 귀한 것인지
우리 가족의 아로마 생활화가 얼마나 특별함인지 알게 되었다.

티트리

| 학명 Melaleuca alternifolia 팁노트

쇼크시 진정
포진, 상처치유, 화농성 여드름
강력한 살균 소독제, 손발톱무좀
모낭충 살균, 소양증

Tea tree

수영을 좋아하는 아이들의 일광 화상에 라벤더

아이들은 물을 좋아했다.
여행을 가면 이른 아침 눈 뜨자마다 호텔의 수영장으로 들어가
해가 지고 깜깜해서야 호텔 룸으로 돌아온다.
배고픔도 잊은 채 물놀이에 빠져 있는 아이들이
행여 몸이라도 상할까 두려워 음식을 들고 수영장 모서리에 서서
음식을 입에 넣어주기도 하고
파라솔 테이블에 음식을 놓아두면
잠깐 나와 입에 넣고 우물거리며 다시 물로 뛰어든다.

그렇게 신나게 놀다가 들어와 침대에 누운 아이들은
등에 생긴 일광 화상으로 인해 쓰리고 따가워
쉬이 잠들지 못하고 칭얼거린다.
수시로 자외선 차단제를 발라주지만
하루 종일 자외선에 노출된 아이들의 여린 피부는
강한 자외선을 감당하기가 어렵다.

칭얼거리는 아이들의 붉어진 등에 라벤더를 먼저 발라 흡수시킨 후에
그 위에 상처 아로마를 덧발라 주었다.

처음엔 따갑다고 찡찡거리다 금방 진정되어서 잠이 든다.

티트리는 상처나 화상으로 보호막이 없는 피부에 바르면
자극이 심해서 심한 따가움을 느낄 수 있으므로
진정 작용이 있는 라벤더를 먼저 바르고
그 위에 상처 아로마를 발라주면 따가운 증상이 진정되어
혹시 염증이 생기더라도 가라앉힐 수가 있다.

바닷가에 가거나 바캉스를 갈 때
상처 아로마와 라벤더를 함께 챙겨 가면
일광화상에 쓰라리고 따가워서 칭얼거리는 아이들을
푹 재울 수가 있다.

심한 화상에 적용하는 아로마테라피

단골 고객들의 대부분은 아로마테라피 매니아들이다.
가정의 상비약처럼 여러 종류의 아로마들을
집안 여기저기에 비치해 두고 사용하고 있으며
외출 시에도 늘 가방 안엔 상처 아로마와
여성 청결제용 아로마를 휴대한다.
임신에 고전하고 계시던 고객은
아로마테라피 이후에 두 남매를 낳았다.
그 사랑스러운 아기들에게 약을 쓰지 않으려고
천연의 아로마를 생활화하고 계시는 분이다.

어느 날 오랜 단골 고객 중 한 분이
유치원에 다니고 있는 친구의 딸아이가
다리에 손바닥만 한 크기의 화상을 입고
3개월 동안 대학병원에서 치료를 받고 있는 중인데
쉽게 치료되지 않고 여전히 염증이 가득해
병원에서 피부이식 수술을 권하고 있다 해서
평소 가방 안에 가지고 다니던 상처 아로마를 꺼내 주고 왔다며
무척 안타까워하시며 말씀하셨다.

그 후 친구로부터 전화가 왔는데 잠자기 전 딸의 화상 부위에
상처 아로마를 발라두고 아침에 일어나 보니
검은 딱지가 생겼다며 이유가 뭐냐고 연락해오셨다고….
고객의 친구분과 직접 전화 상담 후에
티트리와 라벤더를 택배로 보내주었다.

그리고 3개월 후 쯤 그 친구분으로부터 다시 연락이 왔다.
화상 입은 부분에 다시 새살이 차올랐지만
아이가 밤새 가려워 긁어버리는 바람에 새살이 난 자리에
붉은 여드름 같은 것이 올라왔다며 상담을 해 오셨다.

아이의 피부를 직접 보고 아로마를 권해 주는 것이 좋을 듯 싶어서
아이를 데리고 오라고 했다. 아빠와 함께 온 예쁜 여자아이는
쑥스러움이 참 많아 보였다. 이렇게 예쁜 딸의 다리에 화상을
입었으니 부모 마음이 얼마나 아팠을까 싶었다.

아빠는 딸의 다리를 보여 주었고
신뢰감이 가득한 눈으로 쳐다보며,

"여기에 고름이 잔뜩 있었는데 다 아물었어요,
그런데 가렵다고 자꾸 긁는 바람에 빨간 여드름 같은 것이
났네요. 상처 아로마를 계속 발라야 하나요?"

"이젠 상처 아로마는 안 바르셔도 돼요. 세포가 재생되는 과정 중에 피부 보호막이 아직 다 완성되지 않아서 약해져 있는 피부가 공기에 접촉되거나 섬유에 접촉되면 가려워요. 그래서 자꾸만 긁게 되고, 보호막이 없는 피부에 자극을 주다 보니 여드름이 아닌 붉은 예민성 트러블이 생길 수 밖에 없어요."

화상 입은 피부세포 재생에 좋은 새로운 아로마 오일을 다시 블렌딩해 드렸다.
그 이후 고객으로부터 완쾌되었다는 소식을 전해 들었다.

BLENDING TIP

화상 입은 피부 세포재생에 좋은 아로마 블렌딩

· 캐리어 오일 : 하이페리쿰 10㎖ + 칼랜쥴라 10㎖ + 조조바 10㎖
· 에센셜 오일 : 라벤더 2방울 + 카모마일저먼블루 1방울 + 티트리 1방울 + 미르 1방울

친정어머니의 하지정맥류

우리 인체엔 동맥과 정맥이라는 혈관이 있다.
동맥은 사용 가능한 물이 공급되는 상수도와 같다.
깨끗한 혈액을 운반하여 전신 골고루 피부 세포까지
세포 재생을 위한 영양과 산소를 공급하는 역할을 한다.

피부 바로 밑에 푸른색으로 보이는 정맥은 하수도와 같다.
인체에 세포들이 사용하고 남은 찌꺼기나 죽은 세균, 바이러스
그리고 노폐물들을 배출해주는 혈관이다.

이 정맥이 다리에 꽈리를 튼 모양으로 돌출되어 통증을
유발하는데, 이것을 하지 정맥류라고 한다.
하지정맥류는 발과 다리의 노폐물을 위로 올려주는 정맥 판막이
제대로 기능을 발휘하지 못해
노폐물과 혈액이 정맥에 그대로 고이는 현상이다.

압박붕대나 압박스타킹을 신는 것은 정맥에 순환을 향상시켜
정체되어 고여 있는 노폐물을 배농시키기 위한 마사지 효과이다.

일부 병원에서는 하지정맥류 수술 이후에
규칙적인 마사지를 하도록 처방하고 있다.
정맥류엔 수술 이외에 마사지보다 더 좋은 시술은
의학계에도 없다.
마사지 전에 스파나 족욕을 통한 어느 정도의 혈액순환은
정맥에 고인 노폐물을 배출시키는 과정에 오히려 도움을 준다.

꾸준한 아로마테라피와 입욕법, 족탕법은
정맥류를 예방하거나 정맥류를 완화시키는데 탁월하다.

나의 친정어머니는 하지정맥류가 아주 심하셨다.
돌출된 하지정맥류는 허리부터 시작하여
파란 거미줄이 하지 전체를 감싼 듯이 보였다.
그로 인해 무거운 다리와 심한 통증을 호소하셨다.
또한 퇴행성 관절염으로 인해
다리를 질질 끌고 다닌다는 표현이 맞을 정도로
잘 걷지도 못하셨다.
마흔 이후에 대수술을 4번이나 하셨다.

몇 번을 아로마테라피를 권해 드렸지만
언제나 강하게 거절하셨고, 딸이 해주는 마사지는
더욱 더 싫어하셨다.
나중에 알게 됐지만 딸이 힘들까봐 더 그러셨다고 한다.

도저히 당신 스스로 마사지를 받으러 오시질 않을 것 같아, 날을 잡아 집 앞에 차를 세우고 내려오실 때까지 1분에 한 번씩 전화를 걸면서 고집을 부려보았다. 결국 엄마는 마지못해 화를 내시며 차에 타셨고, 난 곧장 숍으로 가서 직원과 함께 아로마테라피 전신 마사지를 해 드렸다. 끝나고 가실 때

"엄마 3일에 한 번은 오셔서 관리받으셔야 해요.
제가 모시러 갈게요."

끝나고 돌아가시는 길에 당부의 말을 해보지만
딸의 말에 아무런 대꾸도 없이 가셨다.
다음날 친정어머니로부터 전화가 왔다.

"야야 신기하게 안 아프네...내 모레 버스 타고 갈끼다.
데리러 오지 마라"

그렇게 친정어머니의 아로마테라피는 시작되었고, 2주 후엔 다리에 통증이 다 사라져서 마음껏 일하시고 즐거워하셨다. 한 달 정도 지난 다음부터는 친정어머니의 하지에 돌출되었던 하지정맥류는 모두 피부 안으로 자리를 찾아 들어갔고, 통통 부었던 다리는 가라앉았다.
그 이후로 아로마에 대한 신뢰도가 높아진 친정어머니는 아로마가 떨어지면 어김없이 전화를 하신다.

"사라 에미야! 아로마 값이 얼마고?
내 돈 주꾸마 아로마 좀 보내줘라"

친정어머니의 전화에 신이 난 나는 상처에 바르는 아로마와
얼굴에 쓰는 천연 아로마 토너와 에센스, 천연 아로마 바디오일
두 가지, 근육통 아로마 입욕제, 간 기능 개선 아로마 입욕제
필요하실 것 같은 아로마 오일을 최대한 블렌딩하여 보내드렸다.
돈은 당연히 처음부터 받지 않으려고 했지만,
세상의 모든 친정어머니들이 그러 하시듯 딸한테 단 한 개의
화장품도 공짜로 가져가지 않으셨다.
또한 스파에서 관리받는 비용까지 모두 지불하시는 분이셨다.
사업하다가 벼랑 끝에 서있을 정도로 힘들고 어려울 때,
자금을 대어 주셨는데도 결코 공짜로 뭘 바라시지 않으신다.

"내 장례식 비용 미리 주꾸마. 내 죽으믄 장례식 니그들이
치루레이."

이러한 명분이시다.
딸로서 못해드린 것만 가슴 한가득해서 뭐든 해드리고 싶은데
받기는 싫어하시고 베풀기만을 좋아하셨던 친정어머니 생각을
하면 찡한 감동의 눈물이 앞을 가린다.

하지정맥류에 효과적인 아로마테라피 블렌딩

바디오일 블렌딩

베가못 7방울
주니퍼베리 7방울
파인 8방울
미르 8방울

하이페리쿰 30㎖
그레이프시드 35㎖
칼랜쥴라 35㎖

전신마사지 블렌딩

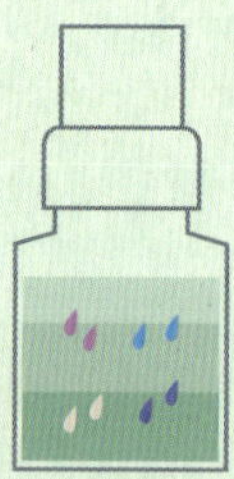

베가못 2방울
주니퍼베리 2방울
파인 2방울
미르 2방울

하이페리쿰10㎖
그레이프시드15㎖
칼랜쥴라15㎖

노약자나 60세 이상 노인 그리고 치료 중인 환자일 경우는 아로마 에센셜 오일을 반만 블렌딩한다.

4% 낮은 티트리는 오히려 세균이 우글거린다

스파는 많은 고객이 왕래하는 곳이다.
그러므로 모든 것이 청결해야 한다.
그중 최우선적으로 청결함을 유지해야 할 물건을 뽑자면
수건과 해면일 것이다.
수건은 매일 삶음 세탁을 해서 말린다.
그러나 해면은 삶게 되거나 뜨거운 물이 닿게 되면
줄어들거나 쭈글거려 모두 버려야 한다.

해면은 매일 빨고 소독을 해서 말려 둔다 해도
완벽하게 살균하기가 힘들다.
어떻게 하면 세균을 살균할 수 있을까 고민하던 중에
발견하게 된 방법이 있다.

해면을 따뜻한 물에 담고 고객 시술 전에
티트리 1방울을 떨어 드려 해면을 손으로 조물조물해 둔다.
이렇게 해 놓으면 해면 속까지 티트리의 성분이 침투해서
세균을 살균 시켜준다.

이렇게 고농축에 티트리는 즉시 사용할 경우엔 살균 효과에 탁월하지만 사용하기 20분 전에 티트리를 떨어뜨려 두면 물의 양보다 티트리의 양이 현저하게 적어져 오히려 세균 번식의 원인이 된다.

'항균화학요법저널(The Journal of Antimicrobial Chemotherapy)'에서 얼스터대학 맥도웰 박사는 화장품에 함유된 4% 이하의 저농도의 티트리오일은 항생제에 대한 내성을 만드는 메티실린내성황색포도구균(MRSA)이나 대장균, 살모넬라균 등의 감염이 발생된다 보고했다. 티트리 오일을 고농도로 사용할 경우엔 항균 효과가 뛰어나지만, 저농도일 경우 세균들로 하여금 항생제에 내성을 만든다고 발표했다.

티트리 에센셜 오일은 천연 알코올성분이 다량 함유되어 있다. 그러므로 안전하게 살균 효과를 위해 사용하는 것은 바람직하다.

아무리 약효가 뛰어난 산삼일지라도 함부로 섭취하면 부작용이 있듯이 아로마테라피 또한 약초에서 약효만 추출한 천연적인 오일이므로, 아로마테라피스트의 안전한 조언에 따라 사용하는 것이 당연하지 않겠는가.

한국은 아직 아로마테라피 활용법과 정보가 부족하다. 소비자를 위한 세세한 교육이 절실한 상황이다.

피부 필링효과에 좋은 레몬그라스

내가 처음 아로마테라피를 접한 건 피부미용 일을 할 때여서
자연스럽게 아로마테라피를 피부미용에 먼저 접목했다.
그리고 아로마테라피를 한 지 10여 년이 될 무렵부터
다양한 피부 관리 프로그램에 맞춘 임상들에 도전하기 시작했다.

피부미용법이 만들어지지 않고 일반미용사 자격증이나
면허증으로 피부 관리실을 개업할 수 있었던 시절엔
화장품도소매나 피부 관리실로 신고만 하고
영업을 하던 시절이 있었다.

정해진 법이 없으면 사용하는 제품 또한 난무할 수 있다.
피부 관리실에서 BP라는 화학 필링제를
여드름과 기미 그리고 노화피부 등에
아무런 제제 없이 사용하던 무렵이다.
갑자기 이 제품을 피부미용에
더 이상 사용할 수 없도록 의료법이 만들어졌다.
피부 개선 효과가 아주 뛰어난 BP 제품은
교육이나 경험 부족으로 많은 부작용이 생겨났고
그에 따른 소비자 항의도 빗발쳤기 때문이다.

그러던 무렵 대체 상품으로 사탕수수나 사과에서 추출한 천연의 약 acid(산)인 AHA 필링제가 화장품으로 다양하게 상품화되어 나오게 되었다. 그게 바로 효소 필링제와 AHA다.

효소 필링제는 두꺼운 각질을 직접 녹여서 피지선을 열어주어 피지가 잘 분비될 수 있도록 도와주며 미백 작용도 있다.

AHA는 각질과 각질 사이에 지질을 녹여서
죽은 각질층이 스스로 떨어져 나가게 만들고,
피지를 녹이고 살균하는 작용이 있어
기본적인 사용법만 배우면 여드름에 사용하기에 안전한 제품이다.

물론 모든 제품은 부작용에 따른 주의사항이 있으므로
염두에 두고 사용해야 한다.

그러나 이 두 제품을 건조하고 노화된 피부에 사용했을 때
피부 보호막까지 잃은 피부가
민감해지고 더 건조해진다는 것을 알게 되었다.

건조하고 노화된 피부는
죽은 각질은 많으나 스스로 떨어뜨리는 힘이 약하다.
억지로라도 떨어뜨려 주어 세포재생을 도와주어야 한다.
이 과정 중에 피부가 건조해지거나 민감해지지 않고

안전하게 재생 과정을 도와줄 수 있는 방법을
아로마 오일에서 찾기 위해 연구하기 시작했다.

AHA 필링을 볼 때 바르면 따갑지만 금방 가라앉으며
각질 탈락에 탁월한 효능을 보이는 것에 착안해
우선 피부에 발랐을 때 따갑고 열감이 있는 에센셜 오일을 찾았다.

그렇게 필링제로 실험하게 된 에센셜 오일은 팔마로사, 제라늄,
티트리, 레몬그라스였다.

아로마 오일을 1mℓ와 5mℓ의 정제수에 각각 1방울 씩 넣어서
피부에 직접 발라보기 시작했다.
정제수의 양이 1mℓ 일 때 민감했던 피부는 따가움에
고통스러웠고, 붉어진 피부는 오랜 시간 지속되었다.
5mℓ였을 때 참아낼 수 있을 정도의 따가움이었고,
민감해져 붉어진 피부와 따가운 증상도 1분 이내에 진정되었다.

> 이런 실험을 반복한 결과 4가지 에센셜 오일 중 필링과 배농, 그리고 미백 작용에 가장 뛰어난 것은 레몬그라스였으며 부작용 또한 거의 일어나지 않았다.

다만 단점은 피부 타입에 따라 정제수의 양을 조절해야 하며,
피부에 바르고 남은 정제수는 오염되었으므로

다른 고객에게 재활용해서 사용하지 말고 반드시 버려야 한다.

민감한 피부엔 7㎖ 정제수에 레몬그라스 1방울,
노화가 심하거나 각질이 두꺼운 경우엔
정제수 2㎖에 레몬그라스 1방울을 블렌딩하여 붓으로 바른다.

눈에 들어가지 않도록 주의해서
얼굴과 목 전체 림프 터미누스가 있는 쇄골까지 꼼꼼히 발라준다.
10분 후에 미온수로 가볍게 헹궈내면 된다.

아침에 일어났을 때 얼굴이 부어 있다면
레몬그라스 필링을 권한다.
부기를 빼내주고 모공을 수축시키며 피부 톤을 맑게 한다.
3일에 한 번 레몬그라스 필링을 꾸준히 한다면 매끄러운 피부와
맑고 빛나는 V라인 얼굴을 유지할 수 있다.

피부보호막 위치하젤

우리 피부엔 피부를 보호해 주는 보호막이 있다.
수분(땀)과 유분(피지)이 적절하게 분비되어서
5.5 약산성을 유지하는 산도를 pH 밸런스라고 한다.

피부가 알칼리화되면 피부 보호막이 깨져
예민해지고 가려워지며 여드름이 생긴다.
피부에 사용하는 세안제를 약산성으로 쓰게 하는 것이다.

알칼리성 세안제는 계면활성제를 함유하고 있어
피부 알레르기 및 피부에 아토피, 예민성, 가려움증 유발,
붉음증, 따가움, 모세혈관 확장 등 피부 면역을 무너뜨린다.

피부가 건강하다면 알칼리 세안제를 써도 수분과 피지가 빠르게
분비되어 금방 pH 밸런스를 유지시켜 최상의 피부 보호막을
만든다. 그러나 여러 가지 환경적인 요인으로 인해
건강한 피부를 가진 사람을 찾기 힘든 것이 기정사실이다.
해마다 아토피피부염은 기하급수적으로 늘어나고 있으며,
세안제와 자극적인 피부 관리법이나 치료들로
원인을 모르는 다양한 피부 발진들은 수도 없이 발생된다.

건강한 피부를 가지고 있다는 것은 신의 축복인 시대가 되었다.

아로마테라피에서 천연 토너를 블렌딩할 때
정제수에 1%의 위치하젤을 첨가한다.

위치하젤은 천연방부작용과 피부 약산성 밸런스 유지, 살균, 진정작용과 피부 면역을 높여주고 피부 보호막 역할을 할 수 있도록 한다. 세안 후에 피부를 약산성화 시켜주어 피부 보호막을 대신해 진정작용을 한다. 또한 아토피 피부염으로 인해 피가 나고 짓무르는 경우에도 정제수와 1:1로 섞어 거즈에 묻혀 올려두면 진물이 가라앉고 진정되기도 한다.

아로마 천연 토너엔 화학적인 방부제나 계면활성제를 첨가하지 않아 강한 방부 효과는 없으므로 유통기한은 한 달로 한다. 한 달이 지나면 산패될 수 있고, 오염되어 세균이 번식할 수 있으니 주의해야 한다.

BLENDING TIP

아로마 천연토너 만드는 법

돈은 잃으면 다시 벌면 되지만
건강은 한번 잃으면
다시 원래의 몸으로 회복하기 어렵다.

한번 잃은 건강은
아무리 많은 돈을 주어도
다시 살수가 없다.

건강한 육체는
부유한 삶을 살아가기 위한
가장 기본적인 밑천이다.

“생각한 대로 이루어진다는 말이 있듯이
내 안에 잠재되어 있는 의식을 밖으로 어떻게 끌어내느냐에 따라서
나의 삶이 좋아질 수도 나빠질 수도 있다.

나의 마음은 요술램프와 같다.
자신의 요술램프에서 무엇이 나오길 바라는가?”

네번째 香

잠재의식 아로마향

MARJORAM SWEET

마조람 스위트

학명 Origanum marjorana(미들노트)

긴장을 완화해줌, 스트레스예방, 불면증, 편두통완화,
노화피부, 근육통, 우울증예방, 호르몬 조절

당신의 잠재의식은 안녕하십니까?

잠재의식은 쉽게 말해 '자기의 정신 영역'이라 할 수 있다.
노출되지 않고 나도 모르게 내 안에 존재하고 있는
나만의 정신세계를 말하며 스스로 통제하기 어려운 영역이다.

—

정신은 창조의 주체이고 우리는 곧 정신이다.
우리는 생각이라는 도구로 우리가 의도했던 것들을 구체화하여
이를 통해 천 가지의 행복과 천 가지의 불행을 만들어낸다.
마음속으로 한 생각은 현실화된다.
이 세상은 우리의 거울이다.

James Allen(제임스 알렌)

—

시크릿에 나오는 내용 중 하나다.

생각한 대로 이루어진다는 말이 있듯이
내 안에 잠재되어 있는 의식을 밖으로
어떻게 끌어내느냐에 따라서
나의 삶이 좋아질 수도 나빠질 수도 있다.

나의 마음은 요술램프와 같다.
자신의 요술램프에서 무엇이 나오길 바라는가?

잠재의식의 향은
내가 선택한 향에 따라 지금 내 마음의 상태를 알려준다.

선택한 잠재의식 향으로 입욕과 흡입, 마사지를 통해
정신과 육체를 치유하는 힐링 방법이 잠재의식 아로마테라피다.

잠재의식의 향

● 잠재의식의 상태
● 구체적 예시

레몬

- 현재의 스트레스상태
- 학업, 진로, 직장, 목표달성

레몬그라스

- 해결하지 못하는 스트레스
- 떠나고 싶고, 포기하고 싶다. 일, 두려움, 무거운 짐, 벼랑 끝에 서있는 마음, 자살기도, 우울증 증상

티트리

- 4차원
- 사업가 기질, 사이코, 남의 말을 듣지 않음, 개척정신, 완벽함, 치밀함, 자아 강함

캄포

- 8차원
- 여러 가지 생각을 동시다발적으로 한꺼번에 할 수 있는 능력자, 현실보다 앞서감, 창조성, 현실성 떨어짐

카젯풋

- 늘 호흡이 불편하다고 느낌
- 비염, 호흡곤란, 폐 기관지천식, 산소량 공급이 부족함, 축농증, 중이염, 폐렴

라벤더

- 힐링이 필요함
- 휴식, 숙면을 간절히 원함, 수면장애, 만성피로증후군, 꿈이 많음, 말수 적음

카모마일 저먼

- 채식주의자, 아로마테라피스트
- 몸이 정화된 경우, 인공 향을 싫어함, 천연향이나 자연 그대로의 옷이나, 물건을 선호함

카모마일 로만

- 여성이 남성적인 성향을 보일 때, 남성은 스트레스가 과함
- 단호함, 결단력, 추진력, 지식인, 책을 좋아함, 예의 바름, 건강함, 자신감

제라늄

- 아름다워지고 싶은 본능
- 성형, 피부관리, 비만관리, 운동, 다이어트식품 등 미에 관심이 많음

펜넬

- 소화가 잘 안된다고 생각함
- 잘 체함, 식욕부진, 위궤양, 설사, 복통, 소장협착, 비위 약함

로즈마리

- 자신이 나약하다고 생각
- 건강에 자신 없음, 자율신경 실조 증상, 수족냉증, 불임의 두려움, 손발 저림, 두통

● 잠재의식의 상태
● 구체적 예시

프랑킨센스

● 명상을 공부한 사람
● 단아함, 신중함, 생각을 깊이 함, 사색을 즐김, 침묵의 믿음, 종교인

미르

● 여자로서 자신감을 잃어감
● 생리통, 생리불순, 갱년기, 조기 노화, 불임, 물혹, 자궁과 난소제거

넛메그

● 걸어 다니는 종합 병원
● 근육 통증, 관절 통증, 온몸 마디마디 아프다, 안 아픈 곳이 없다.

패츄리

● 살 빼고 싶다.
● 비만, 지방에 노이로제, 부분적으로 자신에 자신의 바디라인을 부정함

잠재의식의 향은 통계학적으로 추측일 뿐이다.

위의 아로마 중에 맘에 드는 4가지 향기를 선택한다.

잠재의식 향으로 풀어본 나의 심리상태

잠재의식은 인지할 수 없으므로 감각으로 표출된다.
그러므로 후각을 통해 표출되는 잠재의식이 선택한 향은
자신의 몸이 간절히 원하는 것이다.
선택한 향으로 아로마테라피를 적용하면
보이지 않는 정신적 문제점을 회복시킬 수 있다.

향을 맡으면 두통이나 구역질을 하며 안압이 올라가는 경우는
공황장애나 우울증, 자가 면역결핍증 환자이므로
향을 선택할 수 없는 상태다.
이럴 경우는 잠재의식 향의 선택을 하지 말고,
5단계 프로그램을 선택한다.

잠재의식 향으로 풀어본 나의 심리상태

- 레몬과 레몬글라스를 함께 선택했을 때
- 티트리와 캄포를 함께 선택했을 때
- 로즈마리와 라벤더를 함께 선택했을 때
- 카모마일 저먼과 프랑킨센스를 함께 선택했을 때
- 탑노트가 3개일 때
- 미들노트가 3개일 때
- 베이스노트가 3개일 때
- 탑노트 1개, 미들노트 2개, 베이스노트 1개일 때

- 무언가를 그리워하고, 삶이 벅차고 힘들어 누군가의 도움을 간절하게 기다리는 상태
- 불안과 두려운 상태
- 자연주의를 추구하고, 건강관리를 간절하게 원하는 상태
- 복잡하고 혼란스러운 상태
- 공황상태나 철학이 정리되지 않은 상태로 고집은 있은 자존감이 부족하고 확고한 삶의 목표가 설정되어 있지 않은 상태로 삶이 막막한 상태
- 비교적 심리상태가 안정적이고, 삶의 목표가 설정되어 삶에 충실한 사람
- 생각이 많아서 복잡하거나 아이디어는 무궁무진한데 정리가 되지 않는 상태
- 현실보다 자신이 추구하는 방향이 신적이라서 도사 같은 행동을 하거나 자아도취에 빠져서 가족과 현실을 등졌거나 등지고 싶은 상태

잠재의식 아로마와 칼라테라피

자신의 심리 상태에 따라 블렌딩 해서 들고 다니면 좋은 아로마 칼라테라피

빨강 Red	레몬그라스	해결하지 못하는 스트레스	빨강 10방울 레몬그라스 3방울 에탄올 20방울
주황 Orange	라벤더	힐링이 필요함	주황 8방울 라벤더 3방울 에탄올 20방울
노랑 Yellow	레몬	현재의 스트레스상태	노랑 15방울 레몬 3방울 에탄올 20방울
초록 Green	미르	여자로서 자신감을 잃어감	초록 10방울 미르 3방울 에탄올 20방울
파랑 Blue	카모마일저먼	채식주의자, 아로마테라피스트	파랑 8방울 카모마일저먼 3방울 에탄올 20방울
남색 Indigo	티트리	4차원	남색 3방울 티트리 3방울 에탄올 20방울
보라 Purple	제라늄	아름다워지고 싶은 본능	보라 10방울 제라늄 3방울 에탄올 20방울

연빨강 Light Red	카모마일 로만	여자가 남성적인 성향. 남성은 스트레스가 과함	빨강 1방울 카모마일 로만 3방울 에탄올 20방울
연주황 Light Orange	카제풋	호흡이 불편하다고 늘 느낌	주황 2방울 카제풋 3방울 에탄올 20방울
연노랑 Light Yellow	펜넬	소화가 잘 안된다고 생각함	노랑 1방울 펜넬 3방울 에탄올 20방울
연초록 Light Green	로즈마리	자신이 나약하다고 생각	초록 1방울 로즈마리 3방울 에탄올 20방울
연파랑 Light Blue	프랑킨센스	명상을 공부한 사람	파랑 1방울 프랑킨센스 3방울 에탄올 20방울
연남색 Light Indigo	넛메그	걸어 다니는 종합 병원	남색 1방울 넛메그 3방울 에탄올 20방울
연보라 Light Purple	캄포	8차원	보라 1방울 캄포 3방울 에탄올 20방울
검정 Blcak	패츄리	살 빼고 싶다.	빨, 초, 파, 남, 보 각 5방울 패츄리 3방울 에탄올 20방울

용서와 사랑의 마음을 충전해주는 히솝

짜증이 차오르고 심장이 비정상적으로 두근거리며
생각이 많아진다.
한숨 또한 깊어지고 눈동자가 떨리며
입가 꼬리는 처져서 내려간다.
마음을 감추기 위해 점점 사람들을 멀리하기 시작한다.
본인 스스로 많은 사람들을 왕따시켜놓고
마치 다른 사람들이 자기를 왕따시키고 있다는 착각으로
점점 외로움과 슬픔에 빠져든다.
누군가를 미워하는 마음이 차오르면
나타나는 증상들이다.

히솝 에센셜 오일은
이러한 마음을 컨트롤할 수 있도록 도와준다.
사람의 복잡하고 비생산적인 생각을 줄여서
현실에 잘 대처할 수 있도록 하고,
마음이 태평양 바다처럼 넓고 너그러워져서
상대방의 마음을 이해하고 도와주고자하는
포용(包容)과 관용(寬容)을 베풀게 된다.

히솝은 성경에 우슬초로 기록되어 있다.
성경을 한국어로 번역할 때
한국의 우슬초와 히솝이 동일 식물인 줄 알고
잘못 번역된 것이다.
지금도 한국어 성경엔 우슬초로 기록되어 있으나
영어성경에는 hyssop으로 기록되어 있다.
히솝은 항바이러스, 항세균 작용이 뛰어난 식물로서
항생제와 같은 역할을 한다.
신이 인간에게 처방한 약재 중
유향(Frankincense), 몰약(myrrh)과 함께 가장 자주 등장한다.
성경 속 처방전에 문둥병을 치료하거나
성병치료제, 기타 다양한 치료제로 처방된 약용식물이다.

이는 부정적이고 효율적이지 못한 생각으로
스스로 무덤을 파는 어두운 마음에서
긍정적이고 적극적인 마음을 갖도록 도와주는
현대인들의 필수적인 단 한 방울의 향유이다.
특히 이런저런 이유로 스트레스를 받아
화가 차있는 현대인들에게는 필수적이다.

고대 때부터 악귀와 귀신을 내쫓으며
가위눌림에서 해방하고 숙면을 유도하며
우울증, 두려움, 초초함, 류마티즘관절염,

감기, 문둥병, 매독, 항바이러스 작용, 항세균 작용 등 수없이 많은 질환에 사용했다.

그러나 주의할 점은 고혈압일 경우엔
혈압을 상승시킬 수 있으므로
극소량 사용하는 것을 잊지 말아야 한다.
또한 투우존이라는 성분이 있어서
다량 사용할 경우 환각을 일으킬 수 있다.
아무리 좋은 약이라도 과하면 독이 되듯이
항상 극소량을 사용하는 것을 잊지 말아야 한다.
투우존은 극소량 사용할 경우에
항암효과, 류마티즘 관절염 치유에 탁월하다.

TIP

히솝 활용법

히솝 한 방울을 중지에 떨어뜨려 백회부분에 문질러 주어 서서히 침투시키거나, 뜨거운 물 100㎖ 정도를 찻잔에 담아 한 방울 떨어뜨려 눈을 감고 코로 흡입하면 복잡하던 마음이 잔잔한 호수처럼 편안해진다.

체지방을 분해하는 조조바와 아보카도
입맛을 떨어뜨리는 패츄리

세상엔 맛있는 먹거리가 참 많다.
식탐을 부리자면 한도 끝도 없고, 입은 살이 찌는 음식만 좋아해서
새해엔 늘 다이어트를 목표로 삼는 사람들이 많다.
그러나 작심 3일이라고 목표를 삼는 것에
만족하고 끝나는 사람들이 허다하다.
3일 동안 음식의 양을 줄이면 살은 빠지겠지만
우리 몸은 이것을 기억해 두었다가 다음 음식 섭취 시
지방을 몸속에 저장하게 되고 더욱 허기진 마음이 들게 하여
자신도 모르게 많은 양의 살찌는 음식들을
정신없이 허겁지겁 폭식하게 만든다.
이런 악순환의 반복은 다이어트 실패와 함께
따뜻한 봄날 하늘거리는 파란 미니 원피스와
여름날 해변가의 아름다운 비키니 몸매를
저 멀리 날려 보낸다.

이렇듯 우리가 매일 하면서도 매번 실패하는 다이어트를
성공할 수 있게 도와주는 아로마 오일들이 바로
패츄리, 조조바, 아보카도이다.

패츄리는 식사 30분 전에 향기를 맡거나
물에 떨어뜨려 가글을 하면
포만감이 들어 식사량을 줄여주거나
밥을 먹고 싶은 생각이 들지 않는다.
레몬그라스와 제라늄, 페넬스윗을 함께 블렌딩 하면
시너지 효과가 극대화되어
셀룰라이트 분해와 뛰어난 다이어트 효과를 보인다.

조조바는 피부에 발랐을 때 열감이 나타나
더워지면서 땀이 나는 경우가 있다.
아보카도는 체지방만 분해시키는 것이 아니라
변비에 탁월하고 노폐물 배농에 효과적이므로
조조바와 아보카도를 함께 블렌딩해서 사용한다.

셀룰라이트나 체지방이 빠지게 되면
탄력이 떨어져 피부조직이 늘어날 수 있다.
피부 결합조직을 탄탄하게 해주는 윗점을
조조바나 아보카도와 함께 블렌딩하여 마사지해주면
아름다운 바디라인을 가질 수 있다.

비만과 피부탄력에 좋은 아로마 블렌딩 방법

포만감을 주어 입맛을 떨어지게 하고 체지방을 태워주며
늘어진 피부를 탄력 있는 피부로 만들어주는 아로마 블렌딩 방법

바디오일 블렌딩

100㎖ 공병에 블렌딩 하여 아침저녁으로 발라준다.

입욕용

38도의 온수를 욕조에 2/3 정도 채우고
레몬그라스 2방울, 페넬스윗 2방울, 제라늄 2방울,
패츄리 2방울을 떨어뜨려 어깨까지 담그고 전신을
15분간 입욕한다.

근육형비만은 운동하면 더 살찐다

2012년 영화 '매트릭스'를 제작한 할리우드의 유명한 영화감독
라나 워쇼스키(Lana the wachowskis)가
성전환 수술과 호르몬 시술로 여자가 되어 나타났다.
또한 턱 수염이 덥수룩하게 난 남성이 호르몬 요법으로
14개월에 걸쳐 남성의 모습에서 아름다운 여성의 외모로
완벽하게 변해가는 과정을 담은 동영상이
유튜브(You Tube)에 올라와 화제가 되기도 했다.

인간에겐 누구에게나 여성호르몬과 남성호르몬이 함께 분비된다.
여자는 여성호르몬이 남자는 남성호르몬이
비례적으로 더 많이 분비되기 때문에 남녀가 구분되는 것이다.
여성호르몬은 볼륨 있는 몸매와 고운 피부,
세심한 성격에 가냘픈 목소리, 길고 매끈한 머릿결을 가지게 한다.
남성호르몬은 두껍고 넓은 모공에 피지 분비가 왕성한 피부와
거친 머리카락, 힘을 과시하는 근육을 발달시키고,
과격한 성격과 거칠고 굵은 목소리를 만든다.

여성인데도 남성호르몬이 많이 흐르고 있는 경우
운동을 좋아해 다양한 스포츠와 무술을 즐겨하고

운동을 밥 먹는 것보다 더 즐겨 열심히 한다.
자연히 허벅지는 굵어지고 남성스러운 몸매를 가지게 되고
근육량이 많아져 근육형 비만이 된다.
마음은 아무리 여성스러워지고 싶어도
몸이 안 따라주는 여성들이다.
주변의 사람들은 다이어트 하라고 스트레스를 주지만
그리 쉽사리 살은 빠지지 않는다.
체지방형은 음식 섭취량을 줄이고 운동하면 되지만
근육형 비만은 근육의 양을 줄여야만
여성스러운 매끈한 몸매를 유지할 수 있다.
운동을 아예 하지 않거나 아니면
가볍게 걷기나 스트레칭 정도만 해주는 것이 좋다.
더불어 여성 호르몬을 함유한 아로마 에센셜 오일로
입욕과 마사지 등을 해줌으로써
아름답고 섹시한 여성스러움을 찾을 수가 있다.

그러나 주의 사항이 있다.
유방암이나 자궁암, 난소암 등
여성호르몬과 관련된 질병이 의심되는 경우는
먼저 병원에서 종합 검사를 받아보고,
정상적일 경우 진행하도록 한다.
여성암은 여성 호르몬 아로마테라피시
활발해진 혈액순환으로 인해 전이가

더 빠르게 진행될 우려가 있으므로
의사의 정확한 진단 후에 적용해야 한다.
그리고 여성호르몬에 관련한 아로마 에센셜 오일을
짧은 시간에 과다 사용해서
근육의 양과 근력이 갑자기 줄어들면
소심해지고 우울해하는 증상이 나타날 수 있으므로
서서히 장기적으로 적용하는 것이 바람직하다.
이때는 자외선을 받으며 등산을 해주는 것도 좋다.

가벼운 유산소 운동과 식사습관을 조절하면서
아로마테라피를 접목할 경우에
일주일 정도면 먼저 몸 사이즈가 줄어들고
몸무게가 적게는 1kg, 많게는 3kg까지도 빠진다.
2주차부터는 일주일에 1kg씩만 빠지고
1개월 동안 총 5kg이 줄어들면
1개월 지난 후부터 열흘 정도 몸무게가 꼼짝도 하지 않을 것이다.
이때 포기하면 요요가 생기므로 꾸준하게 관리해주어야 한다.
3개월 동안 단 하루도 쉬지 않고 아로마테라피를 적용할 경우
사람에 따라 다소 차이가 있지만
최고 10~15kg의 근육 양을 빠지게 하는 프로그램이다.
더 빠른 효과를 기대하려면 전문 아로마테라피스트에게
전신관리를 받으면서 진행한다면 더욱 많은 효과를
기대할 수 있다.

근육의 양을 줄이기 위한 아로마테라피 방법

매일 저녁마다 욕조에 38도 온수를 2/3 정도 채우고
로즈오또 1방울을 떨어뜨려 입욕을 한다.

만약 욕조가 없으면 세숫대야에 38도 온수를 1/2 정도 채우고
로즈오또 1방울을 떨어뜨려 좌욕을 한다.

100㎖ 공병에 블렌딩 하여 아침저녁으로 온몸에 바른다.

섭취하는 음식물이 약이 되게 하라

히포크라테스는 말했다.

—

'섭취하는 음식물이 약이 되게 하라'

—

육식을 하는 동물들은 소화기관의 길이가 신장의 3배이며
위가 둥글고 1개다.
초식동물의 소화기관 길이는 신장의 20배이고
위가 3~4개 정도다.
사람의 소화기관 길이는 신장의 12배이며 위와 십이지장이 있다.

육식동물은 육식을 섭취할 때 요산을 분해하는 효소가 분비되므로
육식 섭취 시에 요산이 축적 되지 않는다.
그러나 사람은 육식을 섭취했을 때
요산 분해 효소가 분비되지 않아
요산으로 인한 통풍 병에 시달리게 된다.

우리 몸에서 요산은 신체 내에서 흡수될 때
요산의 독성을 중화시키기 위해서

치아나 뼛속의 알칼리 칼슘을 빼내어서 사용한다.
그러므로 골다공증이나 치아 손상 및 잇몸 질환을 일으킨다.
중화작용 때 발생되는 칼슘 요산 찌꺼기들이
인체 내에서 통풍병뿐만 아닌 각종 질병들을 유발한다.
동맥경화, 류마티즘, 요통, 활액낭염, 관절염, 부종,
백내장, 신장석, 담석, 노화현상 등의 원인이 된다.

사람은 침샘이 발달되어 있고 잘게 씹는 기능이 우수하다.
그러므로 소화기계는 치아에서 음식을 씹는 순간부터 시작이다.
육류는 위에서 분비되는 위산으로 소화 작용을 하지만
탄수화물은 입안의 이하선에서 분비되는 침으로
탄수화물을 분해시킨다.
그러므로 육류는 그냥 삼킨다 해도도 무리가 없지만
곡류는 꼭꼭 씹어서 삼켜야 소화가 잘된다.
그러나 건강하다면 침 분비가 왕성하여 음식을 삼켜두고
침을 계속적으로 삼키면 소화에 별 탈이 없다.
그래서 젊고 건강한 10~20대들은
쇠도 소화시키는 나이라고 한다.

노화가 진행되거나 병이 들거나, 만성피로 증후군,
스트레스, 우울증, 초조 불안증 등 몸 상태가 좋지 않을 때는
침에 분비가 떨어지는데
이때 음식을 잘 씹어 주지 않으면 소화 장애가 발생한다.

장기간 소화 장애가 있을 경우엔
상복부의 위가 연동운동을 하지 않거나
위하수로 인해 딴딴하고 눌렀을 때 통증이 심하다.
위장의 연동운동 부재로 장 연동운동 또한 둔화되어
장에는 많은 숙변과 독소가 가득 차게 된다.
그로 인해 복부비만과 위궤양, 위염, 장염, 게실, 용정, 위암,
십이지장암, 대장암, 직장암 등에 걸릴 수 있다.
육류와 흰 밀가루, 설탕은
장 속에 유산균들이 살 수 없는 환경을 만들고
장속에 많은 세균들을 번식 시키며,
가스를 유발해 인체에 악영향을 미치는 요인이 된다.

밀가루음식은 독이다

현대인들은 쫓기는 시간과 스트레스로 인해
식감이 부드럽고 꼭꼭 씹지 않아도 되는
밀가루 음식을 선호한다.
빵이나 피자, 햄버거들은 빠른 시간에 먹을 수 있고,
칼국수와 라면은 씹지 않아도 되니
시간에 쫓기는 사람들과 스트레스가 많은 사람들에게
효율적이고 안성맞춤인 먹거리다.
밀가루 음식들은 침 분비가 왕성한 젊고 건강한 사람들에게
큰 문제가 되지는 않더라도 이것이 누적되면 항상성이 떨어지고
면역시스템의 문제가 야기될 수 있다.
밀가루 음식은 우리의 뼈를 약하게 하고,
당뇨와 고혈압, 고지혈증과 지방간의 원인이 된다.

가장 치명적인 부작용은
밀가루의 달콤함과 부드러움에 과식을 하게 되고
몸은 점점 불어나서 고도 비만으로 이어진다.
탄수화물은 입안에서 분비되는 침으로 소화가 되는데
과다한 스트레스나. 피로함, 노화로 침의 분비가 줄어들어
위에 들어간 밀가루 음식의 소화가 늦어지고

온도가 30도가 넘어가게 되면 발효되어 알코올을 생성하게 된다.
이러므로 술을 먹지 않는 분들도 지방간이 생기는 원인이 된다.
밀가루 음식을 먹고 속이 더부룩할 때
레몬이나 그레이프프룻을
손수건이나 무향의 티슈에 1방울 떨어뜨려서
코로 향을 깊이 들이마시면 침샘에서 다량의 침이 분비된다.
만성적인 스트레스로 인해 식후 소화 장애가 심할 경우엔
37도 정도의 온수 50㎖에
레몬이나 그레이프프룻을 1방울 떨어뜨려
식전과 식후에 가글을 해주면 침이 분비되어
밀가루와 탄수화물 섭취로 인한 소화 장애를 해결할 수 있다.
또한 위산분비를 촉진하므로 단백질 소화에도 큰 역할을 한다.
상큼한 레몬과 그레이프프룻으로
속을 편안하게 만들어 보자.

자기의 몸을 공경하라

공자께서 노나라 왕 애공에게 말씀하시되

—

"삼대(하, 은, 주나라) 때의 밝은 왕은
아내와 자식에게도 공경하도록 힘썼습니다."

"아내는 어버이의 우두머리이며,
자식은 어버이의 뒤를 이어야 하니
어찌 공경하지 않겠습니까?
그러므로 군자는 모든 것에 대하여
공경하지 않을 수 없습니다."

"공경 중에 자기 몸을 공경하는 것이 제일 큰데,
몸은 어버이라는 나무에서 뻗은 가지니
공경하지 않을 수가 없습니다."

"자기 몸을 공경하지 않으면 이것은
어버이를 상하게 하고 그 바탕을 상하게 하는 것이니,
바탕이 상하면 가지도 죽게 되는 것입니다."

—

아로마테라피스트가 된다는 의미는
첫째는 내 몸을 지키는 것이며,
둘째는 부모님을 살리는 것이며,
셋째는 자식을 세우는 것이다.

아로마테라피로
내 몸을 먼저 건강하고 아름답게 만든다면
가정 또한 화평과 행복이 따르지 않겠는가.

오랜 세월 아로마테라피스트를 양성해왔다.
참으로 안타까운 일은 한날한시에 수업을 듣고
디프로마를 받은 아로마테라피스트 중
아로마테라피를 삶에 접목하고
사업에 접목하는 사람은 10분의 1정도이다.

열 명이 똑같은 시간을 투자했음에도
한 사람만이 포기하지 않고
끝까지 아로마테라피스트의 길을 가고 있다.
나머지 아홉은 무엇을 하고 있을까?

진정한 아로마테라피의 세계를 경험하고 싶다면
자신의 몸이 아로마 오일을 구분하고 기억해 낼 정도까지
사용해 보아야 한다.

내가 먼저 오랜 기간 사용하고 경험을 해 봐야 만이
초향과 본향 그리고, 잔향을 몸으로 기억해 낼 수 있다.
또한 블렌딩해서 사용했을 때
몸이 어떤 향에 어떻게 반응을 하고
어떤 느낌을 받는지를 세세하게 세포 하나하나에
기억 인자를 심어 줄 수가 있다.

아로마테라피는 이론만 머리로 외우는 것이 아닌
오로지 온몸으로 익혀야 하는 것이다.
이론을 백 번을 말해도 소용없다.
이론만 달달 외워 고객을 상담한다면 고객은 신뢰하지 않는다.
또한 아로마테라피 교육자라면 더욱더
자신의 몸으로 익혀진 체험 교육을 해야 한다.

교육자 본인이 아로마테라피에 대한 신뢰감 없이
직업으로 또는 돈벌이의 수단으로만
교육을 진행한다면 학생을 기만하는 스승이 된다.

이론만 입력시키는 주입식 교육은
신뢰감 없는 제자들만 키워내는 결과를 초래할 것이다.

또한 스파 사업을 하는 아로마테라피스트가
고객보다 건강하지 못한 모습으로
아로마테라피에 대하여 어필을 하고자 한다면
그 누가 신뢰를 가지고 그 말에 귀 기울여주겠는가.
먼저 자신의 몸과 마음이 건강해지는 것에 노력하라.
그다음 가족과 고객에게
자신의 경험을 자신 있게 전달해 주자.
가족과 고객께 드리는 사랑의 표현은
말보다는 행동으로 보이는 것이다.

몸은 어버이라는 나무에서 뻗은 가지이니
자기 몸을 공경하지 않고 이를 상하게 하면
어버이를 상하게 하고 그 바탕을 상하게 하는 것이니
바탕을 상하게 하면 가지도 죽는 것이다.

-공자님 말씀-

기계문명의 발달로
미래에 우리는 자연친화적인 것과
정이 가득한 손길을
갈망하고 그리워하게 될 것이다.
그러므로 아로마테라피는
미래의 가장 유망직종으로
산업의 중심에 우뚝 세워질 것이다.

J&C 벤자롱이 제안하는 통증 테라피

근육은 수축과 이완을 반복한다.
고정적인 자세로 장시간 업무를 보게 되면 근육이 경직되어
갑자기 자세를 바꾸려 할 때 통증이 유발된다.
근육을 무리하게 사용하였거나
과도한 업무로 인한 스트레스가 증가하면
피로 물질인 세레토닌이라는 호르몬이 분비된다.
세로토닌은 기분을 좋게 해주는 호르몬이긴 하지만
운동을 심하게 하면 세로토닌이 과도하게 분비되어
졸음과 피로를 일으킨다.
이렇게 분비되는 피로 물질들이 배출되지 못하고
근육 속에 딱딱하게 쌓이게 되어 통증을 유발한다.

근막통증의 증상

· 등과 가슴에 숨쉬기 힘들 정도의 통증이 온다.

· 팔 전체가 아프고 힘이 없다.

· 목과 견갑골, 등, 허리에 통증이 있다.

· 두통과 함께 눈이 빠질 듯이 아프다.

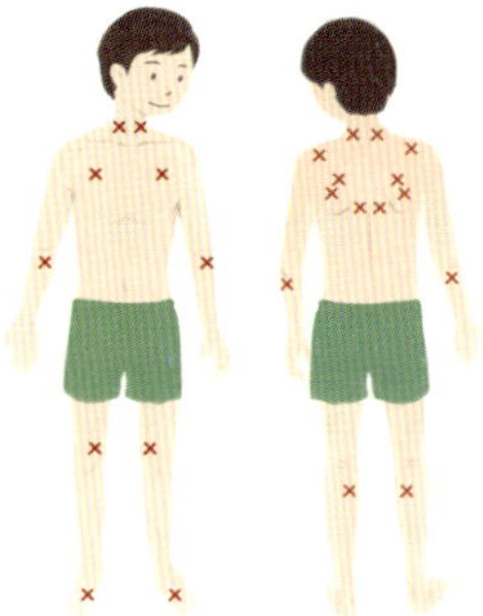

현대인에게 많이 나타나는 다양한 근육통

· 수면 중 다리에 쥐가 나거나 아침에 일어났을 때 목이 뻣뻣하다.

· 무리한 운동 후에 알 배김으로 생기는 통증

· 삐끗해서 근섬유가 늘어나거나 파열되는 급성 염좌

· 근육경직으로 인한 어깨 결림

· 호르몬 변동으로 인해 근육의 굳어짐이 빨라져서 생기는 사십견, 오십견

· 불량한 자세로 인한 고관절 통증

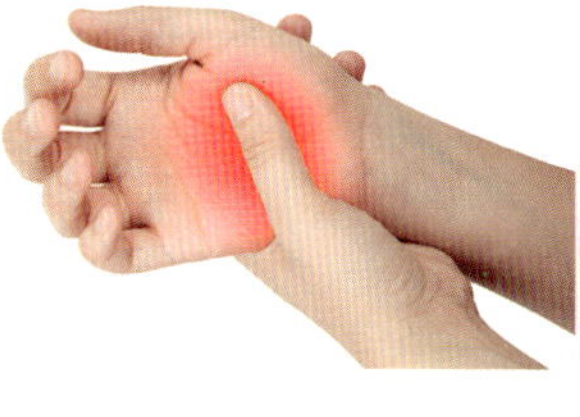

벤자롱이 추천하는 통증 및 생활 속 아로마

힐링 M

목과 어깨 통증, 사십견, 오십견, 근육뭉침으로 인한 두통

힐링 J

퇴행성 관절염의 통증완화, 테니스앨보, 골프앨보

힐링 R

류마티즘, 산만한 유아나 어린이, 성장장애, 잠투정하는 어린이

힐링 W

요추 디스크로 인한 통증

페퍼민트

기 순환장애, 두통, 멀미, 입덧, 메스꺼움, 코 막힘, 졸음운전

적용방법

허브 볼 테라피

허브 볼은 5~20여 종류의 약초를 배합하여 볼모양으로 만들어 놓은 것이다. 찜통에 찐 후 통증부위를 꾹꾹 눌러가며 찜질해준다.

통증별 아로마를 먼저 발라주고 가볍게 마사지를 해준 후에 그 위에 찜질을 해주면 더 효과적이다.

입욕법

38도의 온수를 욕조에 2/3정도 채운 후 매일 15분정도 입욕해준다.

마사지법

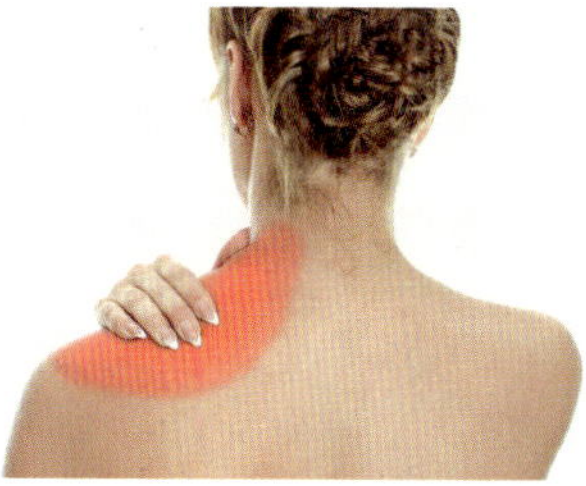

아로마를 통증부위에 적정량 발라준 후 가볍게 문질러 마사지를 해주며 흡수시킨다. 랩으로 덮고 그 위에 온타올 이나 핫 팩 등을 올려놓는다.

에필로그

2008년, 처음 아로마테라피에 대한 사업을 시작하려 할 때
뷰티산업에 종사하는 주변 지인들은 하나같이 모두 말렸었다.
"최 원장 미친 짓이야"
"아로마테라피는 이미 유행이 지났어! 하지마!!"
"최 원장 제정신이야? 아로마 수입회사들이 다 망했어"
"제품회사에서 이젠 아로마테라피 교육도 안 해줘"
모두 똑같은 말들이었다.
모두 최미경을 위해서 해주는 조언의 말들이었고,
정말 최미경을 사랑하는 사람들이 해 줄 수 있는
걱정의 말들이었다.

말 그대로 아로마 사업의 길은 그리 녹녹하지 않았다.
그러나 포기하지 않고
나와 내 가족이 써야 할 제품이라는 마음을 가지고
최고의 원료를 공수해
최고 등급의 아로마를 만들어 공급했다.
나는 보다 더 좋은 제품을 만들어 내기 위한 연구에 힘썼고
남편은 이런 좋은 제품을 우리 가족만이 아닌
많은 사람들이 알고서 사용할 수 있도록 하기 위한
홍보에 힘썼다.
그렇게 부부의 힘과 그런 우리를 물심양면으로 도와주었던
우리 회사 직원들의 힘으로
지금은 당당하게 성공한 여성 CEO라는 말을 듣고 있다.
1년도 버티기 힘들거라고 했던 많은 사람들
저러다 포기하겠거니 했던 많은 사람들 또한

이젠 아로마테라피 시장을 주도하는
당당한 기업인으로 인정해 주고 있다.

투자자 한 명 없이 맨손으로 시작해 지금에 이르기까지
너무나 많은 우여곡절들과 아픔이 있었지만
매순간을 기도의 힘으로 버티어 나갔다.

유통회사를 설립한지 5년이 지난 지금
황무지였던 아로마 시장은 옥토로 변하였다.
지금은 너도나도 아로마 시장에 뛰어들고 있다.
그러나 나는 두렵지 않다.
아로마를 사랑하고 생활화한 수 십 년의 노하우를 바탕으로
만들어 놓은 탄탄한 프로그램과 제품이 있기에
무엇이든 방어할 자신이 있다.

아로마테라피는 5,000년의 역사를 거치면서
이미 검증된 테라피이다.
점점 발달되는 기계문명으로
앞으로 우리는 자연 친화적인 것을
더욱더 갈망하게 될 것이다.
정이 가득한 손길을 그리워하게 될 것이다.
거기에 적합하게 부합 할 수 있는 피부 미용 사업은
단연 아로마테라피가 될 것이라 생각한다.

관심을 가지고 계속 연구에 연구를 거듭한다면
자연 친화적으로 건강관리를 하는데 있어서
그 어느 것 보다 일등 공신이 될 거라고 자부한다.
더불어 미래의 가장 유망직종이 되어
산업의 중심에 우뚝 세워질 것이라 생각한다.

지금 아로마테라피에 대해
망설이고 있다면
주저말고 실행에 옮겨보라
말하고 싶다.